LEBENSBAUM –
BAUM DES LEBENS

JOSEF GRUBER

LEBENSBAUM –
BAUM DES LEBENS

Evolutionstherapie

OTTO MÜLLER VERLAG SALZBURG

ISBN 3-7013-0833-0

Umschlaggestaltung: Leo Fellinger
Druck: Druckerei Roser, Salzburg

Inhalt

Vorwort

Mit der Bezeichnung „Evolutionstherapie“ möchte Dr. Josef Gruber Erfahrungen psychotherapeutischer Praxis beschreiben, die evolutive Aspekte aufweisen. Die sechs ausgewählten Protokolle dokumentieren in sehr anschaulicher Weise die verschiedenen Formen der Identifizierung vom Menschen bis zum Urnebel. Inwieweit es sich hierbei um sogenannte Regressionen in die eigene Entstehungsgeschichte handelt oder lediglich um Verallgemeinerungen einzelner Erlebnisse der persönlichen Lebensgeschichte, muß offen bleiben. Auch die Frage der Reinkarnation im Sinne einer Wiedergeburt stellt sich zunächst nicht. Die wiedergegebenen Erlebnisprotokolle werfen vielmehr die Frage auf, ob der Mensch in seinem Innenraum auch genetisch bedingten Erlebnisformen begegnet, die über seinen Embryonalzustand hinausreichen. Zudem muß in dieser Betrachtung auch die Möglichkeit der Rückschau und Vorschau in Betracht gezogen werden. Die Vielschichtigkeit der aufgeworfenen Fragen war es auch, die Gruber bei dieser Veröffentlichung veranlaßten, von jedweder Interpretation Abstand zu nehmen und nur die Protokolle wirken zu lassen. Diese zeigen allerdings, daß der psychische Integrationsprozeß evolutive Strukturen aufweisen kann. Damit verweist Gruber auf einen neuen Aspekt psychologischer Betrachtung. Während man nämlich in den Naturwissenschaften den evolutiven Lebensprozeß als völlig gegeben anninmmt, ist in der Psychologie die Frage der Evolution im Sinne einer überindividuellen Beeinflussung kaum gestellt worden. Zwar hat C.G. Jung mit der Theorie des kollektiven Unbewußten eine Raum und Zeit überschreitende psychische Einflußsphäre im Sinne einer zentralen „Weltpsyche“ betont, doch fehlt dabei die kosmisch-evolutive Dimension des Individuums. Hier kommt dem Gedanken der Evolutionstherapie, daß wir es beim Menschen mit einem kosmischen Menschen zu tun haben, dessen Wurzeln im Weltenursprung liegen und dessen Zukunftserwartung in einem persönlichen Erfülltsein verwurzelt ist, das über seine Individualität hinausreicht, eine besondere Bedeutung zu.

Läßt man also die Aussagen der hier wiedergegebenen Protokolle voll auf sich wirken, so taucht man in Innenräume des Menschen ein, die deutend nur schwer auszuloten sind. Was hier aber zählt, ist das Erlebnis auf dem Weg zur persönlichen Integration.

Innsbruck, 16. Oktober 1991 Andreas Resch

Einführung

Die vorliegenden Protokolle entstanden zwischen 1977 und 1990. Ich möchte diese Protokolle meiner „Evolutionstherapie“ zunächst ohne Kommentar und Theorie veröffentlichen. Die erste Begegnung mit einem Phänomen, das gewöhnlich unter dem Schlagwort „Reinkarnation“ eingeordnet wird, hatte ich im Jahre 1978, als ich Universitäts-Assistent am Psychologischen Institut der Universität Innsbruck war.

In meiner psychotherapeutischen Praxis, wo ich unter anderem die Methode der „Primärtherapie“ nach A. JANOV verwandte, mit deren Hilfe man Patienten bis in ihre frühe Kindheit bzw. bis zur Geburt und in den intrauterinen Bereich zurückführen kann, erlebte ich folgende Situation: Ein Patient verspürte in einer primärtherapeutischen Sitzung einen Druck am rechten Auge. Im Sinne der Methode der Urschreitherapie versuchte ich, mit Hilfe dieser ‚Regressionsmethode‘ den Patienten bis zur Ursache dieses Druckes bzw. Schmerzes zurückzuführen. Der Patient erlebte die Geburt wieder. Der Druck bzw. Schmerz am rechten Auge hatte sich leicht verringert, war jedoch noch nicht völlig verschwunden. Ich führte ihn nun weiter zurück in den intrauterinen Bereich bzw. in den Zustand vor seiner Geburt mit der Aufforderung, er solle einfach auf der Suche nach der Ursache seines Schmerzes immer weiter zurückgehen.

Plötzlich verzerrte sich der Gesichtsausdruck des Patienten vor Schmerz und er begann (vor Schmerzen) laut zu schreien. Ich fragte ihn, was los sei. Da begann der Patient zwischen seinen Schrei-und Schmerzanfällen zu erzählen: „Da kommt jemand auf mich zu, der ist so komisch angezogen, hat einen Säbel umgebunden und einen Dolch in der Hand.“ Auf meine Frage: „Was tut dieser Mensch?“, sagte der Patient: „Er sticht mir mit dem Dolch das rechte Auge aus“. Meine Frage: „Wann und wo ist das?“ beantwortete er: „1438 in einem Dorf in Frankreich“.

Als ich ihn dann aus der Tiefenentspannung herausholen wollte, sagte er: „Ich komme in meinen Körper nicht mehr hinein.“ Auf meine Frage, wo und wer er sei, antwortete er: „Ich bin wie ein Hauch... irgendwie über dem Körper...“ – wo er genau sei: „Ich stehe hinter meiner rechten Schulter“. Ich fragte ihn, ob er irgendwo eine Öffnung sehe, wo er hineinkommen könne. Anwort: „Ja, zwischen den Schulterblättern". Ich: „Du hast gesagt, du bist wie ein Hauch, dann versuch dich da einzuhauchen". Der Patient: „Ja, da wird es warm" (zwischen den Schulterblättern). Ich: „Versuch, dich weitereinzuhauchen, in deine rechte Schulter..." Patient: „Ja, da wird es auch warm..." Auf diese Weise gingen wir gemeinsam den ganzen Körper von oben bis unten durch. Er „hauchte sich gleichsam in den Körper ein". Nachdem dieser „Einhauchprozeß" abgeschlossen war – er dauerte ca 15 Minuten – sprang der Patient auf, voll Freude, Erleichterung und Energie. Nach dieser Sitzung bemerkte der Patient zu seinem und meinem übergroßen Erstaunen, daß er ohne Brille alles lesen konnte, obwohl er vor der Sitzung am rechten Auge kurzsichtig war (4,5 Dioptrin). Beide waren wir begeistert über den Therapieerfolg. Dies war für mich der bis zu diesem Zeitpunkt mit Abstand größte, verblüffendste Erfolg mit einer psychotherapeutischen Methode. Es war aber eigentlich nicht mehr die Methode der Primärtherapie, die hier zur Anwendung kam; der Patient hatte mich durch sein Erlebnis auf eine neue, mir damals noch unbekannte Spur gebracht. Ich hatte mich bis dahin mit dem Thema der Reinkarnation weder im religiös-weltanschaulichen Zusammenhang von Buddhismus oder Hinduismus noch aus therapeutischen Gründen der Reinkarnationstherapie von TH. DETLEFSEN und anderer befaßt.

Mein Weltbild war damals von dem geprägt, was ich unter Wissenschaft verstand. Ich hatte Psychologie studiert, war mitten im Medizinstudium, arbeitete an der Klinik und glaubte nur, was ich körperlich angreifen und mit meinem naturwissenschaftlich gebildeten Verstand „be-greifen" und in das entsprechende, der Wissenschaft geläufige Weltbild einordnen konnte.

Diese von dem Patienten und von mir wie ein unerklärliches und unerwartetes Wunder erlebte Heilung seines rechten Auges dauerte aber nur einen Tag. Am nächsten Tag begann sich die Sehkraft des rechten Auges wieder zu trüben, bis er schließlich am 2. Tag wieder seine alte Brille brauchte. In Gesprächen über dieses Phänomen sagte der Patient: „Ich glaube, da hängt noch vieles mit diesem Augausstechen zusammen... wenn ich das alles anschauen könnte, könnte ich vielleicht wieder normal sehen..." Er wollte, daß wir noch einmal in diese Szene mit dem Augausstechen „hineingingen", was ich wegen mangelnder Erfahrung und Ausbildung auf diesem Gebiet ablehnte. Ich meldete mich hierauf bei TH. DETLEFSEN für die Reinkarnationstherapie und danach für die Ausbildung zum Reinkarnationstherapeuten an. Nach Abschluß meiner Erfahrungen in Theorie und Praxis der „Reinkarnationstherapie" bei TH. DETLEFSEN und nach eingehendem Literaturstudium (zu diesem Thema) war ich bereit, den Patienten mit dieser neuen Psychotherapiemethode weiterzuführen. Dieser hatte sich jedoch inzwischen wieder in seinem streng katholischen Elternhaus – die Mutter war Religionslehrerin – und Freundeskreis integriert und wollte von „früheren Leben", von „Reinkarnation" nichts mehr wissen, da dies der Kirche und dem christlichen Glauben widerspreche.

Als ich dieses Erlebnis ein halbes Jahr später einem Freund, Theologen und früheren Patienten – er hatte bei mir Primärtherapie gemacht – erzählte, sagte dieser: „Machen wir einen Versuch! Ich glaube dir bzw. an die Reinkarnation, wenn ich während einer ‚Rückführung' (in ein früheres Leben) eine fremde Sprache sprechen kann, die ich noch nie (in diesem Leben) gelernt habe. Wir nehmen ein Tonband mit, um das, was auftaucht, besser besprechen zu können..." Diese Aufforderung führte zur Aufzeichnung des folgenden Protokolls bzw. zur theoretischen Grundlegung meiner „Evolutionstherapie". Der Theologe erlebte sich nicht nur in früheren „Inkarnationen" als Mensch wieder, er beherrschte nicht nur Französisch und andere Sprachen („Afrikanisch", „Indisch") in geographisch und geschichtlich authentischem Zusammenhang, sondern er erlebte sich auch als Tier: als Affen, Frosch, Robbe...; als Pflanze (Flechte) und als Mineral (Granitzacke).

Dies war für uns beide, Patient und Therapeut, eine totale Überraschung, an die keiner von uns nur im entferntesten gedacht hätte. Keiner von uns war jemals auf den Gedanken gekommen oder mit der Idee konfrontiert worden, daß der Mensch früher nicht nur schon einmal als Mensch „inkarniert" gewesen sei, sondern noch dazu als Tier, als Pflanze, als Stein, als Urnebel existiert habe.

Es begann für mich eine fieberhafte Suche nach Theorien bzw. Weltbildern, wo ich diese Erfahrungen einordnen konnte. Von der Brauchbarkeit der Theorie und der Praxis zur Rückführung in frühere menschliche Inkarnationen von DETLEFSEN konnte ich mich durch eigene Erfahrungen überzeugen: Ich selbst verlor etwa in einer „Rückführung" meine chronischen Kopfschmerzen, nachdem ich als deren Ursache eine Szene erlebt hatte, in der ich ein Indianer war und ein anderer Indianer mir den Schädel spaltete. Aber für die Inkarnation als Tier, Pflanze und Stein fand ich lange keine Literatur, keine Theorie und keine praktischen Erfahrungen.

Nach langem Suchen entdeckte ich im Sufismus bei M. RUMI in seinem Matthnawi folgenden Spruch: „Stein war ich, wurde Pflanze; Pflanze war ich, wurde Tier; Tier war ich, wurde Mensch. Ich brauche keine Angst haben, meine Eigenart als Mensch zu verlieren; ich werde als Mensch sterben und als Engel wiederkommen.“

1. Protokoll

Patient: Theologe, 40 Jahre alt.
Therapie: Dezember 1977 bis Jänner 1978.

1. Sitzung am 2. Dezember 1977

Die Sitzung wurde wie die folgenden mit Tonband aufgezeichnet und wird wörtlich wiedergegeben. Zu Beginn der Sitzung legt sich der Patient auf die Matte, schließt die Augen und entspannt sich. Es werden für diese Sitzungen keine Hypnose oder andere Suggestionsverfahren verwendet.

Der Th (Therapeut) fordert P1 (Patient 1) auf, zu erzählen, woran er gerade denke bzw. welche Gefühle im Vordergrund stünden.

P1: Ich denke gerade daran, wie ich nach Feldkirch fahren mußte in die Schule, wie sie (die Mutter) mir dann zugewunken hat... und ich glaube, daß ich von dorther eigentlich meine Antipathie gegen die Bundesbahn hab' und daß mein Herumstoppen (*VP fährt meist per Autostopp*) nur sekundär eine Sache des Geldes ist, sondern daß ich den Zug einfach nicht mag oder nicht mögen hab'... und erst in der letzten Zeit, wo ich ein paar Male zu dir hergefahren bin (von Linz nach Innsbruck), habe ich das Zugfahren eigentlich recht angenehm erlebt...
Th: Das Erlebnis hier, mit 10 Jahren war dies? Es ist noch ganz plastisch in Erinnerung?

P1: Mh... es ist scheußlich.
Th: Mh, spürst es noch?
Th: Mh, es ist mir direkt kalt über den Rücken...
Th: Gut, versuch, dich von dem Gefühl zu lösen jetzt und geh noch weiter zurück! Einfach wegsinken, nach der Zeitspur, der Zeitachse zurückgehen...
P1: Da bin ich auch weggefahren und zwar, weiß nicht, bin ich da 7 oder 8 Jahre alt, da bin ich zu meiner Großmutter gefahrn... Es hat mich jemand begleitet, schon. Aber, da bin ich in den Ferien gewesen und da hab' ich vor einem Jahr einmal schon so einen Alptraum aufgeschrieben: Da bin ich irgendwann in der Nacht – da hab' ich allein ein Zimmer gehabt und da bin ich in in der Nacht aufgewacht, hätt' sollen aufs Klo bzw. nicht aufs Klo. Einen Alptraum hab' ich gehabt, als ob jemand, als ob Leute hinter mir her wären und mich umbringen möchten... und da bin ich dann bei der Tür hinaus. Es ist dunkel gewesen, ich hab' mich da in dem Haus überhaupt nicht ausgekannt, da bin ich da den Gang entlanggerannt und hab' mich überall angeschlagen und bin um mein Leben gelaufen, da bin ich zu einer Tür hingekommen und war unfähig, die Tür aufzumachen und, ja, dann hab' ich da angefangen zu schreien und zu jammern und bin dann ganz erschöpft da an der Tür entlang hinuntergerutscht, dann bin ich aufgewacht...
Th: Das war mit 10 Jahren?
P1: Ja, das war auch was Schreckliches.
Th: Kannst noch weiter zurückgehen, einmal versuchen, an die Geburt heranzukommen...
P1: Ja, da bin ich jetzt wieder im Mutterleib drinnen... ja, *seufzt,* wie sie da nach Bludenz fährt (auf dem Weg zur Hebamme zur Entbindung) und wie ich das Rattern vom Zug wieder hör' (*VP hatte diese Szene bzw. diese Situation schon einmal erlebt in einer primärtherapeutischen Sitzung vor einem halben Jahr*), das Türenzuschlagen, das mir so wehtut, dann das Aussteigen, wo ihr niemand hilft, wo sie da hinuntersteigt, das mir offensichtlich sehr wehtut... das (Erlebnis) hab' ich also dreimal gehabt auch... mh, das ist das...
Th: Lös dich von dem und geh noch weiter zurück, geh einmal bis zur Zeugung, was du da erlebt hast... du kannst dies von einer Distanz, von einer gewissen Entfernung betrachten, geh einfach zurück dem Gefühl nach wie bisher: mit 10 Jahren, 7 Jahren, Mutterleib... kannst du da irgendwas spüren...?

P1: Mir kommt vor, die Mutter war ein bißchen widerwillig dabei bei der ganzen Sache. Ja sie mag dies, glaube ich, nicht richtig, nämlich den Geschlechtsverkehr. Kinder mag sie vielleicht schon; der Geschlechtsverkehr ist, glaube ich, nur ein notwendiges Übel.
Th: Wo bist du in dem Moment, wie spürst du dich, was weißt du von dir, was hast du für ein Gefühl...?
P1: Kein sehr gutes, ich bin so ein notwendiges Übel vielleicht.
Th: Geh noch ein bißchen weiter zurück, bevor du auf die Welt gekommen bist...
P1: Jetzt flieg' ich so durch die Gegend, kommt mir vor...
Th: Wie ist das Gefühl?
P1: Es ist recht angenehm, so schwerelos kommt's mir vor, kann überall herumfliegen, ist recht schön, alles anschauen, es ist recht schön...
Th: Lös dich von dem und laß dich noch weiter zurücksinken, geh so weit zurück, bis wieder konkrete Ereignisse, Situationen auftauchen, wo du etwas spürst, wo du einen Körper spürst...
P1: Ja jetzt steht da irgendein Haus, so eine Art Bauernhaus, ich weiß nicht, wo das ist, und da sitzt so eine alte Frau davor, jetzt kommt der Mann her zur Frau, die reden miteinander und da sitz' ich irgendwo, im Gras, glaube ich, sitz' ich...
Th: Wie alt bist du?
P1: Ich tät' sagen, so zwei Jahre alt.
Th: Wie heißt du?
P1: Emil.
Th: Wie noch?
P1: Weiß ich nicht
Th: Wo ist das Haus?
P1: Mir kommt fast vor, das ist irgendwo in Frankreich, daß ich, Emil (*Betonung auf der letzten Silbe*) heiße, irgendwo kommt es mir fast am Meer vor, ich hör' das Meer rauschen...
Th: Wie heißt der Vater?
P1: Franz, François, glaub' ich.
Th: Und die Mutter?
P1: Jaqueline.
Th: Und was ist für eine Jahreszahl?
P1: Weiß ich nicht, siebzehnhundertetwas...
Th: Was genau?
P1: 1756. Ja es ist recht schön dort...

Th: Gut, jetzt bist du 2 Jahre... geh einmal ein bißchen vorwärts, bis du 15 Jahre bist, was ist da?
P1: Ja da ist, glaube ich, Krieg. – *Seufzt schwer, beginnt zu schluchzen, die Tränen rollen ihm die Wangen herab.* – Ich glaub', der Vater stirbt, der Vater kommt im Krieg um, die Mutter ist ganz allein, da sind, glaube ich, noch mehrere Kinder da, 3 oder 4 oder 5 sogar, die Frau muß ganz allein arbeiten, und ich muß auch schwer arbeiten jetzt mit 15...
Th: Was mußt du tun?
P1: Ich muß auf dem Feld helfen, und man hört immer Schießen... das Schießen hört man auch bei uns, und in der Nacht kommen wieder so fremde Leute her, und da muß man sich wieder im Haus einsperren, und am Tag ist es dann ab und zu wieder ruhig, obwohl auch wieder welche kommen und einem 's Vieh aus dem Stall holen. *Seufzt und schluchzt wieder.*
Th: Gut, lös dich von dem, geh wieder vorwärts, du bist 30 Jahre alt, was ist da?
P1: Jetzt hab' ich selber schon eine Frau, ich wohn' glaube ich, im Nachbarort, das ist gar nicht weit weg, es sind auch schon Kinder da, ein kleiner Bub, ein Mädchen, und ich bin da glücklich mit meiner Frau, ja und dann kommt wieder ein Krieg, und da muß ich weggehen
Th: Wo mußt du hingehen?
P1: An die Front.
Th: Wo ist die Front?
P1: Mir kommt vor, im Osten irgendwo, ich weiß nicht, in Deutschland oder wo...
Th: Was sprichst du für eine Sprache?
P1: Mir kommt vor, das ist so im Grenzgebiet irgendwie, Elsässisch.
Th: Kannst du mit einem so reden, wie du da gesprochen hast, erzähl mir einmal etwas, was du da gesagt hast deiner Frau, wie du weggegangen bist in den Krieg... Was hast du zu ihr gesagt in deiner Sprache, die du damals gesprochen hast... Wie heißt deine Frau?
P1: Rose heißt sie.
Th: Sprich mit ihr einmal.
P1: Rose, la guerre, la guerre, je dois aller au guerre et j'espère que je reviendra un jour chez toi et les einfants... je t'aime et les enfants aussi, je les aime; amis, je dois aller avec les camerades, c'est fou ça, c'est fou, je sais, c'est fou, mais qu'est-ce que je dois faire, j'embrasse, j'embrasse, au-revoir...

Th: Geh noch weiter vor, jetzt bis 35, was passiert da?
P1: Da bin ich nicht mehr.
Th: Wann bist du gestorben?
P1: Ziemlich bald, nachdem ich in den Krieg gangen bin...
Th: Wieviel später?
P1: Ich glaub', schon ein halbes Jahr.
Th: Wie ist das passiert? Kannst einmal da hingehen?
P1: Ich bin auf einem Pferd oben gesessen, und dann hat es mit Säbeln irgendetwas zu tun gehabt. Auf alle Fälle hat mich da einer ins Herz getroffen, ich bin heruntergefallen, und irgendein Kamerad hat mich dann auf sein Pferd genommen und ein Stück mitgenommen zurück. Und dann bin ich da liegengeblieben, lange. Ich bin da, glaube ich, in ein Massengrab hineingekommen...
Th: Wie war das, wie du gestorben bist, kannst du das beschreiben?
P1: Es war so ein wahnsinniger Stich da drinnen, es hat mich so zusammengezogen, ganz zusammengezogen hat es mich, dann bin ich, glaube ich, bewußtlos geworden, dann hab' ich noch gespürt, wie ich unten auffalle auf dem Boden, dann war ich, glaube ich, tot.
Th: Was war dann?
P1: Ja, ich bin mir recht gut vorgekommen, recht befreit, ja so schwerelos, sehr schön, so wie das andere Mal da, wo ich auch da hab' können herumfliegen, nicht gebunden war an irgendetwas...
P1: Gut, gehe ein wenig vor, wann du wieder auf die Welt kommst, wann war das?
P1: Ja, das war achtzehnhundertetwas.
Th: Wann genau?
P1: Sechs.
Th: Und wo?
P1: Ja, das ist, glaube ich, in Deutschland irgendwo...
Th: Wie heißt der Vater?
P1: Der heißt Hans.
Th: Und die Mutter?
P1: Rosa.
Th: Und wie heißt du?
P1: Ich bin der Karl.
Th: Hast du Geschwister auch?
P1: Ja.
Th: Wieviele?
P1: Ich glaube, zwei.

Th: Wie lange lebst du?
P1: Ich glaube, 60 Jahre.
Th: Woran stirbst du dann?
P1: Da habe ich, glaube ich, ein Geschwür im Bauch drin...
Th: Und nach dem Tod, wann kommst dann wieder auf die Welt?
P1: Das nächste Mal ist es dann 1936.
Th: Und wo?
P1: In Bludenz.
Th: Wie heißen deine Eltern?
P1: Ist der Karl und die Frieda.
Th: Kennst du die beiden schon von früher, von einem früheren Leben?
P1: Es kommt mir vor, als ob die da auf dieser Bank schon gesessen wären, damals siebzehnhundertetwas da...
Th: Wer waren sie da, deine Eltern auch?
P1: Da waren sie auch die Eltern, der Vater und die Mutter, genau dieselben, sie haben ein bißchen anders ausgeschaut aber... ich glaub', sie waren auch schon mein Vater und meine Mutter, ja.
Th: Jetzt lös dich von dem und geh weiter zurück... kennst sie schon von noch früher?
P1: Ja, ich glaub' schon.
Th: Wo und wann?
P1: Ja ich weiß nicht, wo das war.
Th: Schau einmal genau hin, du weißt es.
P1: Da sind sie auch Bauern gewesen, glaub' ich.
Th: In welchem Jahr war dies?
P1: Ja ich weiß nicht.
Th: Wann bist du das erste Mal auf die Welt gekommen, wann war das?
P1: Vielleicht in Italien irgendwo, da waren, glaube ich, die Römer noch herum.
Th: Schau einmal genau hin!
P1: Ich glaub', Markus habe ich geheißen.
Th: Und dein Vater?
P1: Ich glaub', Tartisius.
Th: Und in welchem Jahr ist das?
P1: 376, glaube ich.
Th: Und wie alt bist du jetzt?
Th: Wie du 20 Jahre alt bist, siehst du da eine Situation, eine Szene?

P1: Ja da ist auch wieder Krieg, immer wieder Krieg, ich weiß nicht, die Römer haben mit irgendjemand wieder irgendwas.

Th: Und was machst du da?

P1: Ja da bin ich auch dabei.

Th: Geh zurück zu der Szene, wo du Abschied nimmst von der Mutter, von den Eltern.

P1: *Beginnt zu weinen, schluchzt heftig.*

Th: Was sagst du zu ihr, sprich zu ihr in deiner Sprache!

P1: Ich weiß nicht, das ist zu weit weg...

Th: Wie heißt die Mutter?

P1: Prisca, denke ich.

Th: Sprich zu ihr!

P1: *Lange Pause, tiefes Atmen, Seufzen.* – Ich hab' den Eindruck, ich bin stumm.

Th: Warum?

P1: Ich glaube, ich bin taubstumm.

Th: Hörst du, was die Mutter sagt?

P1: Ich seh' nur, ich sehe sie, wie ich wegreite.

Th: Wie sieht sie aus, die Mutter?

P1: Klein, rundlich.

Th: Was hat sie für ein Kleid an?

P1: So ein langes, so irgendwie.

Th: Welche Farbe?

P1: So bräunlich, hellbräunlich.

Th: Hörst du nichts? Kannst du sie nicht verstehen was sie spricht?

P1: Sie winkt mir.

Th: Gut. Lös dich von diesem Ereignis und geh in die letzte Inkarnation, wie du in Bludenz auf die Welt kommst. Wann war das?

P1: 1936.

Th: Und geh jetzt das Leben herauf, bis du zum heutigen Tag kommst. Was haben wir heute für einen Tag?

P1: Dezember 77.

Th: Welcher Dezember?

P1: Der zweite.

Th: Bist du ganz da, spürst du den Körper und kannst dich noch an alles erinnern?

P1: Ja.

Th: Das Herz schlägt ruhig und regelmäßig. Bist du ganz da?

P1: Ja.

Th: Kannst du dich an alles ganz genau erinnern?
P1: Ja, ich glaub' schon.
Th: Wie war das, wie du wieder zurückgekommen bist?
P1: Es war nichts Besonderes, nicht Widerstand irgendwie...
Th: Kannst du Französisch?
P1: Ja, schon, ein bißl, nicht viel.
Th: Kannst du dich an alles genau erinnern?
P1: An die Jahreszahlen, an die Endzahlen nimmer genau; vielleicht, wenn ich mich anstrengen täte. Mit 300-irgendetwas war da mit den Römern was; der Tartisius und die Prisca waren da, glaube ich. Und dann 1700 – etwa, da war der François und die Mutter, die Rose; nein, das ist meine Frau, die Rose, das ist schon wieder später gewesen 1800-etwas. Ja, ich hab' den Eindruck, es sind immmer dieselben Eltern gewesen eigentlich, obwohl mir der Vater früher immer sympathischer gewesen ist eigentlich, also der jetzige Vater ist mir der unsympathischste von diesen 5 Männern, obwohl sie viele Züge von diesem Vater haben, aber das Geschäft... das Geschäft (*die Eltern von P1 hatten einen Gastbetrieb*) hat mir den Vater ruiniert, sonst wäre er vielleicht ganz passabel gewesen, früher sind sie Landwirte gewesen, da haben sie Zeit gehabt für mich...
Th: Hast du den Schmerz, z.B. beim Abschied genauso gespürt, wie du jetzt ihn spürst? Du hast immer geweint, wenn du weg bist in den Krieg.
P1: Ja, es ist schon eine Distanz gewesen, also ein bißl gefiltert kommt es mir vor. Wie soll ich sagen? Wenn ich einen Film anschau', mitunter einen Film, den ich selber von mir gedreht habe oder den man von mir gedreht hat, und ich das anschau' und die Gefühle, die Assoziationen wieder hochkommen, wie es damals war, und trotzdem nicht ganz dran, ist mir vorgekommen, nicht so direkt im Geschehen drinnen, einfach ein bißl auf Distanz, als Beobachter, ist mir das vorgekommen.

2. Sitzung am 2. Dezember 1977

P1: Legt sich wieder hin, schließt die Augen und entspannt sich.
Th: Wo bist du jetzt im Moment, was hast du jetzt für ein Gefühl?
P1: Ja frieren tut es mich ein bißchen.

Th: Du bist also ganz da in der Gegenwart noch. Gut, lös dich von da und geh zurück, laß dich einfach zurückfallen, du weißt schon wie es geht... Wie du das letzte Mal auf die Welt gekommen bist in Deutschland, wann war das?
P1: 1867.
Th: Wie heißt du?
P1: Ich bin der Karl.
Th: Und wieviele Geschwister hast du?
P1: Ich glaube vier.
Th: Wie heißen die Geschwister?
P1: Ja ich bin der Älteste, dann kommt eine Schwester, die Erika heißt, dann noch eine Schwester, die Rosi, und dann noch ein Bruder, der heißt Hermann.
Th: Wie schreibst du dich?
P1: Müller.
Th: In welcher Stadt ist das, wo bist du? Wo seid ihr zu Hause?
P1: Ja das ist ein kleiner Ort, kommt mir vor, ein Marktflecken so 5–6000 Einwohner, überschaubar.
Th: Und wo ist das in Deutschland?
P1: Ich glaub' in Franken.
Th: Und wie heißt der Ort?
P1: Ich weiß nicht.
Th: Schau einmal hin, genau.
P1: Ich seh' jetzt ein Schild, da steht „Magstadt" oben, ich glaub' er ist doch größer als 5– 6 000, ich tät' sagen 10 000.
Th: Gut, du wirst da geboren. Wo kommst du auf die Welt, im Krankenhaus?
P1: Ja, nein, das ist, glaube ich, ein Bürgerhaus dürfte es sein, und da ist unten drinnen, glaube ich, so eine Bäckerei. Da riecht es auch immer so gut herauf, glaube ich, später dann auch. Und im ersten Stock, da hat, glaube ich, ein Arzt seine Praxis. Ich glaube, es ist ein praktischer Arzt und der heißt, glaube ich, Dr. Hans Weimann. Und im zweiten Stock, da wohnen wir.
Th: Und wie heißt die Straße?
P1: Ich glaube, die Steglitzgasse 5 ist das.
Th: In welche Schule kommst du?
P1: Ja das ist, glaube ich, so eine Bürgerschule.
Th: Und wo ist die Schule?

P1: Die ist gar nicht weit von uns weg, die steht neben der Kirche, und das Postamt ist o... Mir kommt vor, es ist der Marktplatz dort, und da steht auf der linken Seite, also von mir jetzt links, steht die Kirche, und dann vis-à-vis herüben ist, glaube ich, irgendein Büro – oder da ist, glaube ich, der Bürgermeister und die Post. Und die Schule ist nicht dirket am Marktplatz selber, sondern hinten drin irgendwo, also es ist noch ein Haus davor, bzw. im vorderen Teil des Hauses ist etwas anderes drinnen, ich glaub' vielleicht ein Altersheim. Ja, viele alte Leute gehen da immer aus und ein, und im hinteren Teil des Hauses da ist eben diese Schule drin.

Th: Gut, und was machst du für eine Schulausbildung? Wie lange gehst du in die Bürgerschule?

P1: Ja da gehe ich 6, 7 Jahre, glaube ich. Und dann lerne ich, glaube ich, ein Handwerk; ich glaube, ich werde Schneider.

Th: Was hat der Vater für einen Beruf?

P1: Der Vater ist, glaube ich, Müller. Dem gehört aber nicht selber eine Mühle, sondern der arbeitet, glaube ich, irgendwo und kommt ab und zu so ganz weiß heim; das ist ganz eigenartig. Als Kinder ist das immer lustig für uns, wenn der Vater so angestaubt heimkommt, obwohl, er findet das nicht sehr angenehm. Es sei so staubig, sagt er immer und es sei mit seiner Gesundheit nicht ganz gut, Asthma, glaube ich, auf die Lunge schlägt sich das, sagt er immer.

Th: Gut, geh einmal weiter vor. Wann heiratest du?

P1: Ich heirate, glaube ich, erst mit 27.

Th: Wie heißt die Frau?

P1: Das ist die Erika.

Th: Hast du Kinder auch?

P1: Ja, drei.

Th: Wie heißen die?

P1: Das ist der Emil, das ist der große Sohn, und dann der nächste ist auch ein Sohn, das ist der Heinz, und dann noch eine Tochter, das ist die Frieda oder Elfriede, Friedi wird sie gerufen.

Th: Hast du Enkelkinder, später?

P1: Ja, da sind mehrere herum. Der Emil ist irgendwo in Norddeutschland verheiratet und hat, glaube ich, eine Susi. Und dann die Friedi, die Tochter, die, kommt mir vor, ist ins Kloster gegangen, bei irgendwelchen Schwestern, die arbeitet in einem Krankenhaus. Ich weiß nicht genau wo das ist, es ist in einer größeren Stadt.

Th: Schau einmal genau hin, du weißt es.

P1: Vielleicht ist es Ludwigshafen.
Th: Gut, und was hast noch für Enkel.
P1: Sonst sind, glaube ich, keine mehr.
Th: Wann und wo stirbst du dann?
P1: Ich bin, glaube ich, in einem Spital.
Th: Wo, in welchem Ort?
P1: Ja, ich weiß nicht, heißt das Frankenburg oder wie.
Th: In welchem Jahr?
P1: Ja das ist 1927.
Th: Welches Datum?
P1: Am 4. 7.
Th: Welche Zeit?
P1: Nachmittag um halb vier.
Th: Woran stirbst du?
P1: Es tut mir im Bauch drin so weh, es ist so ein wahnsinniges Brennen.
Th: Spürst du das?
P1: Es zieht mich ganz zusammen.
Th: Gut, lös dich von dem und geh weiter zurück, wo du früher auf der Welt warst, vor 1 700, wo warst du da?
P1: Da war ich in Italien.
Th: Wo?
P1: Ja in der Nähe von Padua war das.
Th: Welches Jahr und welches Jahrhundert?
P1: 356 war das.
Th: Bist du da auf die Welt gekommen, 356?
P1: Ja.
Th: Wie heißt du?
Th: Ich bin der Markus.
Th: Hast du Geschwister auch?
P1: Das ist die Schwester, die Prisca und einen Bruder Leono.
Th: Und die Mutter, wie heißt die?
P1: Das ist, glaube ich, die Prisca.
Th: Und die Schwester heißt auch Prisca?
P1: Mh.
Th: Und der Vater?
P1: Das ist der Tartisius.
Th: Geh weiter vor, gehst du in die Schule oder was machst du?
P1: Das ist nicht so wie die Schulen bei uns sind.

Th: Sprichst du mit jemand?
P1: N..n – *abwehrend..*
Th: Warum nicht.
P1: Ich hör sie nicht, ich spiel mit ihnen zwar.
Th: Warum hörst du sie nicht?
P1: Ich weiß nicht.
Th: Schau einmal hin, kannst du reden mit ihnen?
P1: N..n (nein).
Th: Warum nicht?
P1: Weil das nicht geht.
Th: Warum geht es nicht?
P1: Ja da im Hals drinnen ist etwas und im Ohr.
Th: Seit wann ist das?
P1: Das ist, glaube ich, schon vor der Geburt passiert. Das ist im Mutterleib drinnen irgendwas gewesen. Ich weiß aber nicht was. Mir kommt nur vor, da ist so ein Druck gewesen auf die Ohren und auf den Hals und das hat, glaube ich, lange gedauert, der Druck.
Th: Deswegen kannst du nicht reden.
P1: Mh.
Th: Gut, lös dich von dem... vor 300 warst du noch nicht auf der Welt?
P1: Ja ich weiß nicht.
Th: Schau einmal, laß dich einmal ganz zurückfallen.
P1: *Lange Pause.* – So komisch ist das, so eine Musik machen sie da.
Th: Wo?
P1: Irgendwo, so ganz hohe Bäume sind da, und da tanzen sie rundherum, mir kommt fast vor, das sind Neger.
Th: Und wo ist das, in welchem Land?
P1: Ja ich tät' sagen, in Afrika irgendwo.
Th: Und wie heißt du?
P1: Jovado.
Th: Und wie alt bist du?
P1: Ich bin jetzt, glaube ich, 6.
Th: Kannst du reden?
P1: Jomado jakodani frami komidadschio ascho kamidei mani dani donca aloli dini dani do homani gani gani ho olala hokadivo hotatitati honano holali hola holi dadi dadidada hokoma dinani hoo ladinano hokomadi hokomadinani mado lado. Das ist, glaube ich, ein Wiegenlied gewesen, das meine Mutter immer gesungen hat. *P1 spricht anfangs*

und singt dann. ...und das war sehr schön, und ich glaube, drum habe ich meine Mama sehr gern gehabt, weil sie mir immer dieses Lied gesungen hat. *P1 weint.*

Th: Gut, lös dich von dem und geh noch weiter zurück, bist noch früher schon einmal auf der Welt gewesen? Geh einmal hin, bis du eine Situation erkennen kannst!

P1: Da sitzen irgendwelche Leute am Fluß und die tun da irgendetwas abschneiden. Ich glaube, ich bin so ein zehnjähriger Bub.

Th: Und wo ist das?

P1: Ja das ist, ich weiß nicht wo, vielleicht in Indien.

Th: In welchem Jahr?

P1: Ach, das ist ganz weit zurück, das ist 4 693 vor Christus.

Th: Wie heißt du?

P1: Jano.

Th: Kannst du sprechen?

P1: Chanio ho adschio duo achomodono hei dodani ana ano kamo ona nei doduko afrakidona... di djokatjo... haha, hei nei, che chu cho, na koma dao, hei do, tatu monono, chwa?, hei, nei, nei, hakototo, ha, ha... Das habe ich jetzt mit einem Freund geredet.

Th: Und was heißt das auf Deutsch?

P1: Er hat mir erzählt bzw. ich habe ihm erzählt, daß ich mit meinem Vater am Fluß gewesen bin, und da haben wir so Bambusrohre abgeschnitten, und da hat er gemeint, das hätte er auch schon gemacht, aber ich habe ihm ja nicht glauben wollen zuerst.

Th: Gut, lös dich von dem, geh ganz weit vorwärts, wieder ins jetzige Leben. *VP seufzt bzw. atmet tief, als ob er aus einem tiefen Schlaf bzw. von weit herkäme...* das war eine weite Reise...

Th: Laß dir ruhig Zeit. Weißt du, wo du jetzt bist?

P1: Ja.

Th: Kannst du dich noch an alles erinnern?

P1: Ziemlich.

3. Sitzung am 6. Dezember 1977

Diese Sitzung wurde vor allem darauf ausgerichtet, einige der Probleme bzw. Fragen vonseiten der VP zu klären, die die bisherigen Sitzungen als „Phantasieerlebnisse“ abgetan hatte und sagte, sie würde vielleicht an die Authentizität des während der Sitzungen „Erinnerten“

glauben, wenn sie im Verlauf einer Rückführung einige bekannte Sprachen spräche, die sie sonst jetzt „im normalen Bewußtseinszustand" nicht kenne, wie z.B. Chinesisch, Russisch oder ähnliche.

Th: Wir könnten heute schauen, ob noch zwischen den schon bekannten Inkarnationen noch ein Leben da ist, vor allem ein Leben, wo du noch eine andere Sprache sprichst... Englisch kannst du auch?
P1: Ja.
Th: Italienisch?
P1: *Verneint.*
Th: Schau einmal, ob du in Italien irgendwo, im späteren, zu einem Zeitpunkt, wo du Italienisch sprichst, etwas da ist... laß dich zurückfallen und wandere herum... das Leben in Deutschland ist dir schon bekannt, in Frankreich... vielleicht ist da etwas zwischen Frankreich und Italien noch... wann war das in Frankreich?
P1: 18. Jahrhundert.
Th: Schau einmal, ob da im 16. oder 15. Jahrhundert noch etwas ist.
P1: *Schweigt, atmet tief...*
Th: Wo bist du im Augenblick?
P1: Ich fliege herum.
Th: Schau noch in einem anderen Land außer Deutschland und Frankreich, schau einmal, ob du auch in England warst oder in Schweden, Dänemark, Norwegen oder Rußland oder China, Japan... schau einmal da, ob dir da irgendwo etwas bekannt vorkommt in irgendeinem Leben. Reise einmal nach Osten... Indien kennst du schon, schau einmal ob du einmal in China warst, oder Japan oder Rußland... Kennst du nur Stationen, die dir schon bekannt sind, in Indien, Afrika... kennst du keine Stationen dazwischen, zwischen Afrika und Indien z.B...? Laß dich einmal ganz weit, weit zurückfallen, schau einmal, ob vor Indien schon einmal was war, wo du da warst, geh einmal dorthin, wo du vor Indien warst, laß das auftauchen...
P1: *Atmet lange und tief.* Da kommt mir so eine Eislandschaft vor..
Th: Laß alles auftauchen. Was siehst du noch alles? Schau dir die Menschen an.
P1: Da gibt es keine.
Th: Welches Jahr ist es? Schau genau hin, du weißt es genau.
P1: *Atmet mehrmals tief aus.* 7 822.
Th: Und wo ist das?
P1: Überall Eis, überall Eis.

Th: Wo bist du?

P1: Ich glaub' ich bin eine Robbe. Ich tu da hinuntertauchen ins eisige Wasser und Fische holen... *Mehrmaliges Atmen*.. Es sind viele da.

Th: Bis du ein Männchen oder ein Weibchen?

P1: Ich glaub' ein Weibchen.

Th: Hast du ein Männchen auch?

P1: Ja, wir haben grad Junge gekriegt, drei oder vier.

Th: Hast du nur ein Männchen oder mehrere?

P1: Im Augenblick nur eines.

Th: Und wie fühlst du dich? Wie ist das Gefühl?

P1: Gut.– *Pause* – Die Kälte und die Nässe machen mir gar nichts.

Th: Und wie lange lebst du?

P1: Ich glaub' 30 Jahre.

Th: Was hast du für eine Farbe, wie schaust du aus?

P1: So bräunlich-graue Haare sind das überall herum. Einen spitzigen Kopf, und da gehen so Haare herunter auf der Seite. *Pause*.

Th: Löse dich von dem und geh noch weiter zurück. Was vor dem war, wo du da warst.

P1: *Während der nun etwa 90 Sekunden dauernden Pause atmet die VP etwa 20 mal ein und laut aus. Gegen Ende der Pause zeigen sich Schluckschwierigkeiten, die auf eine Verkrampfung des Brust- und Halstraktes zurückzuführen sind.*

Th: Schau einmal, was da auftaucht, folg dem ganz weit, weit zurück.

P1: *Atmet wieder längere Zeit regelmäßig aus und ein.* Mir kommt vor, ich bin da auf einem Berg oben.

Th: Und wann ist das?

P1: Ja das ist sehr, sehr lange her.

Th: Wie lang? Schau hin, du weißt es genau. Wann ist das?

P1: *Atmet wieder einige Male tief aus.* – Ich glaube 250 000 Jahre.

Th: Und was bist du da auf dem Berg oben ? Wo ist es?

P1: Es sind so viele Zacken herum... und ich gehöre da dazu... ja.

Th: Bist du ein Berg, ein Felszacken? Was bist du?

P1: Es sind noch sehr viele andere da... ich glaube, alle miteinander machen wir die Zacke aus... Ich bin nur ein ganz kleines Stück davon.

Th: Aus was für einem Material bestehst du?

P1 *Prompt:* Aus Gneis, glaube ich.

Th: Und wie ist das Gefühl? Wie fühlt sich das an?

P1: Ganz hart. Ich komme mir so versteinert vor jetzt. Völlig starr... net schön... da ist das mit der Robbe viel schöner gewesen, und das nachher auch schöner.

Th: Und wie lange lebst du in dieser Form?

P1 *Prompt:* Ja lang.

Th: Wie lange? Wieviele Jahre, Jahrhunderte?

P1: Vielleicht 20 000 Jahre. Dann kommt mir vor, dann passiert da irgendwas.

Th: Ja, was passiert da?

P1: Wir fallen da alle zusammen.

Th: Warum, was ist da?

P1: Da ist da irgendein Erdbeben oder irgendetwas. Alles fällt zusammen, die ganzen Zacken fallen zusammen. Da kommt mir vor, da wirds ganz heiß drinnen; da fallen wir irgendwo hinein, wo es ganz hell ist und heiß, da schmilzt das aus, glaube ich... Ich komme mir ganz flüssig vor.

Th: Wie ist das Gefühl, flüssig?

P1: Angenehmer, viel angenehmer; dann gibts aber wieder eine Versteinerung, glaube ich.

Th: Wann ist das?

P1: Ich glaube, vor 170 000 Jahre.

Th: Und wie gehts dann weiter? Welche Form hast du jetzt?

P1: Ich bin auch irgendwie wieder ein Kristall oder irgendetwas.

Th: Welcher Kristall, welche Art, welches Material?

P1: So ein schöner, roter ist's, ein schöner durchsichtiger, roter. So ein Halbedelstein oder..

Th: Wie lange existierst du in der Form?

P1: *Atmet tief.* – Vielleicht 6 oder 7 000 Jahrc.

Th: Was passiert dann?

P1: Dann fangt's an zu regnen.

Th: Und was passiert dann?

P1: Da wird das hinuntergeschwemmt.

Th: Und wo ist das, in welchem Land?

P1: Ich weiß nicht.

Th: Und wie geht es weiter dann?

P1: Mir kommt vor, da kommt jemand daher. Da sind Leute herum.

Th: Schau einmal, was sind das für Leute?

P1: Die gehn so mit Hämmern durch die Gegend.

Th: Und welches Jahr ist das, welche Zeit? Schau einmal, du weißt es genau. Wann ist das?
P1: Ich weiß nicht, 12 600.
Th: Wo ist das? In welchem Land, in welchem Erdteil?
P1: Vielleicht in Asien irgendwo.
Th: Wie alt bist du, wie groß, ein Kind oder erwachsen?
P1: Ich bin, glaube ich, immer noch ein Stein, und die kommen daher, glaube ich und tun mich sammeln.
Th: Wie schaun die Leute aus?
P1: Ich glaube, die haben Schlitzaugen.
Th: Reden die miteinander?
P1: Kaum. Ab und zu schon, rufen sie einander zu, ich weiß nicht, was das ist.
Th: Was machen die?
P1: Die tun da über den Berg hinübergehn, die suchen, glaube ich, etwas. Ich glaube, die suchen nach Steinen.
Th: Finden sie dich auch, nehmen sie dich mit?
P1: Komisch, mir ist überhaupt schon langsam komisch. Ich komme in eine Werkstätte hinein.
Th: Was machen sie dann?
P1: Da tun sie mich hämmern, klopfen.
Th: Wie ist das, wenn sie da hämmern auf dich?
P1: Nicht angenehm. Daß das von außen weggeht.
Th: Tut das weh?
P1: Man kann nicht sagen, weh, es ist kein Schmerz, aber unangenehm.
Th: Und was machen sie da aus dir?
P1: Da machen sie einen Stein, einen schönen, ganz einen schönen, einen roten. Der kommt in einen Ring hinein.
Th: Wem gehört der Ring?
P1: Ich weiß nicht, ich glaub, es ist ein Mann, ein Fürst vielleicht.
Th: Von wo ist der Fürst?
P1: Von China vielleicht, die haben so Schlitzaugen, so lange Gewänder haben sie an.
Th: Wie heißt der Fürst?
P1: Das weiß ich nicht.
Th: Schau einmal, was mit dir weiter passiert.

P1: Ich glaub', er schenkt den Ring einer Frau. Sie hat große Freude damit, dann passiert aber ein Unglück, ich glaube, sie wird umgebracht.

Th: Und warum?

P1: Das weiß ich nicht.

Th: Bist da du schuld, der Stein?

P1: Ja, ich glaub', ja. Er gibt dann den Ring noch einmal an eine Frau weiter, die wird auch getötet. Und da glaube ich, sagt man dann, daß an dem Ring irgendein Fluch klebt.

Th: Was klebt für ein Fluch an dem Ring?

P1: Ich weiß nicht. Irgendjemand sagt, man hätt' ihn dort lassen sollen, wo er gewesen ist.

Th: Den Ring oder den Stein?

P1: Den Stein. Man dürfte die Sachen nicht herunterholen.

Th: Hat das auf dich einen Einfluß, dieser Fluch, daß du den anderen Unglück bringst, dem, der den Stein trägt? Was passiert dann weiter mit dem Ring, mit dem Stein?

P1: Der wird dann zertrümmert.

Th: Wie ist das Gefühl?

P1: Auslöschen, nicht weh, aber nicht mehr sein einfach, aus, aufgelöst.

Th: Was passiert dann mit dir?

P1: Dann werd' ich zusammengekehrt, bin nicht mehr.

Th: Wie geht's weiter, was passiert dann weiter, welches ist die nächste Form, in der du wieder auftrittst?

P1: Ich glaub', das ist dann das mit der Robbe, dies.

Th: Ist dazwischen nichts mehr? Und wann ist das mit der Robbe?

P1: Ich glaub', 10 000 oder wars früher.

Th: Und nach der Robbe, was ist nach der Robbe? Geh genau durch, laß nichts aus, schau in welcher Form du da wieder auftrittst.

P1: *Tiefes Atmen, lange Pause.* – Ich sehe da nichts.

Th: Was kommt nach der Robbe, was ist das nächste? Geh soweit, bis wieder etwas auftaucht.

P1: Mir kommt vor, ich bin ein Affe.

Th: Wann ist das?

P1: Das ist, glaube ich, 7 000.

Th: Und wo?

P1: Das ist in Afrika, ganz im Süden, glaube ich, irgendwo.

Th: Bist du ein Männchen oder ein Weibchen?

P1: Ich bin ein Männchen.
Th: Sprich einmal mit demWeibchen, verständige dich einmal mit ihr.
P1: *Es zieht ihn zusammen, er verzieht das Gesicht und spricht dann in „Affensprache“ (?) einige Sätze bzw. Laute (?)* ..., iii...
Th: Was hast du dem Weibchen gesagt?
P1: Sie soll auf die Kinder besser aufpassen.
Th: Was hat sie gemacht?
P1: Sie hat sie einfach liegenlassen und ist weggelaufen, da sind Löwen herum und so.
Th: Wie lange lebst du da?
P1: Ich glaub', nur 15 Jahre.
Th: Gut, lös dich von dem und schau was die nächste Form, die nächste Gestalt ist, in der du wieder auftauchst.
P1: *Atmet lange tief – Pause...*
Th: Schau einmal, geh einfach vorwärts.
P1: Ja, jetzt bin ich in Indien.
Th:Wann ist das?
P1: 4693, glaube ich, werde ich geboren.
Th: In welcher Stadt, in welchem Landteil?
P1: Es ist ein Dorf an einem Fluß.
Th: Wie heißt der Fluß?
P1: Jang.
Th: Und wie heißt das Dorf?
P1: Fuchu.
Th: Wie heißen deine Eltern, wie heißt die Mutter?
P1: Jin.
Th: Und der Vater?
P1: Fuang.
Th: Schau einmal, wie die Schwangerschaft da ist, geh einmal die Schwangerschaft durch, die Zeugung. Wie ist es bei der Zeugung?
P1: Mir kommt vor, der Vater ist sehr grob.
Th: Was macht er?
P1: Er vögelt sie heftig und zwar von hinten. Die Mutter mag nicht, aber er zwingt sie dazu.
Th: Und wie geht's weiter dann, geh die Schwangerschaft durch, schau einmal, ob du irgendein besonderes Erlebnis hast, irgendeine Krankheit, Schmerzen... geh einmal durch die 9 Monate...
P1: Ich komm' mir so eingeschnürt vor. Ich weiß nicht, tun sich da die Frauen einschnüren oder was?

Th: Schau einmal, hat sich die Mutter eingeschnürt?
P1: Ich glaub' schon.
Th: Wie ist es bei der Geburt, wo kommst du auf die Welt?
P1: Mir kommt vor, auf einem kleinen Boot ist das. Die Leute wohnen dort.
Th: Im Boot?
P1: Ja. Es geht sehr schnell, eigentlich.
Th: Und liegt die Mutter, oder wie ist das?
P1: Nein, liegen tut sie nicht. Da gibt es so ein Gestell. Zuerst steht sie da und hält sich mit den Händen, dann geht sie so auf und ab so, ja, so auf und ab (hoch und tief in die Hocke). Dann bleibt sie wieder einmal unten, dann kommt sie wieder herauf, dann drückt sie immer so nach. Da ist noch eine andere Frau dabei, die wartet unten, bis ich herauskomme.
Th: Gut, geh ein bißchen vor, wo du ein kleines Kind bist. Singt die Mutter mit dir? Geh einmal so weit vor, bis du ein Lied hörst. Singt niemand?
P1: *Beginnt zu singen:* Ja-i jah-i, *er summt:* kadi mano, oho, jano, kajo, hojo, ja (h)i, jaho, jaho, kado, lamo, si (k) o, kano, holo, hojo, nono, ka (wo) i, frai, ajo, h-h-m-h... *Summt wieder die Melodie weiter bzw. zu Ende.*
Th: Was ist das für ein Lied?
P1: Das ist, glaube ich, ein Liebeslied gewesen.
Th: Wer hat das gesungen, für wen?
P1: Das singen, glaube ich, dort die Burschen den Mädchen vor, wenn sie um sie werben, ja.
Th: Wie alt wirst du da, wann stirbst du?
P1: Da bin ich ein sehr alter Mann, mit langen, weißen Haaren.
Th: Mit wievielen Jahren, wann stirbst du?
P1: Ich glaub', 113 (mit 113 Jahren).
Th: Und woran stirbst du? Stirbst du an einer Krankheit?
P1: Nein, ... das Herz hört einfach auf zu schlagen. Ich hab' den Eindruck, daß das Leben einfach zu Ende ist.
Th: Ist das ein schöner Tod?
P1: Ja, ich erwart mir nichts mehr vom Leben, ich bin bereit zu sterben.
Th: Was machst du, wenn du stirbst, wo gehst du hin?
P1: *Atmet lange... Pause.* – Mir kommt vor, ich geh' da so eine Leiter hinauf... *lacht*... es hört nicht auf...

Th: Geh dem nach, schau, wo du hinkommst...
P1: Sie hört nicht auf... *atmet...*
Th: Was ist am Ende der Leiter?
P1: Ich bin noch nicht so weit oben... *Atmet wieder lange, tief... lange Pause.* – Es ist ganz schön da oben.
Th: Schau einmal, was da ist.
P1: Es kommt mir vor, eine schöne, große Kuppe, so goldig, so Mosaik, so schön farbig und bunt...
Th: Was siehst du noch alles?
P1: Ich geh' da herum jetzt. *Atmet tief.* Da ist noch eine Türe...
Th: Wo geht die hin?
P1: Da drinnen ist es auch ganz hell, da ist so ein großer, viereckiger Raum, da ist aber oben keine Decke, kommt mir vor, scheint die Sonne ganz hell herein. In der Mitte ein schöner Brunnen, das ist, glaube ich, der Lebensquell ist dort, da geh' ich jetzt hin, setz' ich mich da auf so einen Stein... da bad' ich.
Th: Hast du eine Gestalt, wie siehst du aus?
P1: Keine Gestalt.
Th: Woraus bestehst du?
P1: Ich komm' mir vor wie ein Luftbläschen wo, ja...
Th: Siehst du irgendwelche Gestalten?
P1: Nein, nichts herum... Ich bin jetzt ganz goldig geworden durch dieses Baden...
Th: Schau weiter, was weiter...
P1: Da kommt mir vor, geht so ein sehr langer Gang hinaus bzw. sind da mehrere Gänge und irgendwie werde ich, kommt mir vor, in einen dieser Gänge hinausgeblasen... und in dieser Richtung fliege ich dann weiter, immer weiter und weiter als goldiges Bläschen, schön...
Th: Wo kommst du hin?
P1: Ich glaub', ich bin jetzt schon in Afrika.
Th: Schau wie du auf die Welt kommst, wie heißt die Mutter?
P1: Lia.
Th: Und der Vater?
P1: Kua.
Th: Hast du Geschwister auch?
P1: Nein, ich glaube, ich bin der erste, es kommen dann, glaube ich, noch zwei nach oder drei...
Th: Geh einmal dorthin und schau... wie heißen die zwei Geschwister?

P1: Die Sia und der Mun.
Th: Hast noch einen Bruder oder Schwester?
P1: *Verneint.*
Th: Niemand mehr, an welchem Tag kommst du auf die Welt?
P1: Der 15. Oktober.
Th: Welche Zeit?
P1: Da ist's immer warm.
Th: Singt die Mutter mit dir? Kennst du ein Lied, als Kind, ein Wiegenlied?
P1: *Pause.* Jetzt krieg' ich eine eigenartige Beklemmung hier...
Th: Schau einmal hin was das ist?
P1 *Stöhnt unter Schmerzen:* Ich komm' mir so eingeschnürt vor.
Th: Wo bist du, was ist?
P1: Mir kommt vor, die binden mich da irgendwo an.
Th: Wie alt bist du?
P1: *Stöhnt.* Ich glaub' 72.
Th: Und wie heißt du?
P1: Fio.
Th: Und was machen sie da mit dir?
P1: *Stöhnt, als ob er sehr starke Schmerzen erlitte, es zieht ihn vor Schmerzen zusammen, er beginnt zu stöhnen, zu schreien, die Tränen laufen ihm aus den Augen...* Sie tun mir die Hände wegzerren...
Th: Was geschieht da?
P1: Ach... sie haben mir die Augen ausgebrannt.
Th: Warum haben sie dir die Augen ausgebrannt?
P1: Sie haben gesagt, ich sei ein Verräter.
Th: Was hast du verraten?
P1: Ich hab' nichts verraten.
Th: Warum haben sie das gesagt?
P1: Ja, da war Krieg zwischen zwei Stämmen.
Th: Warum?
P1: Der Häuptling ist gestorben; da waren zwei Brüder und jeder wollte Häuptling sein, und da hat sich die Gruppe getrennt da, und ich hab' versucht zu schlichten und hab' auch den Kindern gesagt, daß es kein Glück bringe...
Th: Wie alt bist du da? Wann stirbst du, wie geht es weiter, was geschieht weiter mit dir?
P1: Jetzt bin ich blind... ich glaub' ich werde hinausgetrieben... ja, ich werd' hinausgetrieben...

Th: Wohin?
P1: Hinaus.
Th: Wie geht's weiter, wie lang' lebst du noch? Geh hin zu deinem Tod, was passiert da?
P1: Ich glaub', ich werd' von einer Schlange gebissen. *Es zieht ihn zusammen und dann streckt er sich, als ob er vom Schmerz erlöst sei.*
Th: Was passiert jetzt?
P1: *Lacht.* Jetzt marschier' ich wieder die Leiter hinauf,... die geht wahnsinnig lang' hinauf. *Lange Pause mit tiefem Atmen.*
Th: Schau, wenn du oben ankommst, was dann passiert.
P1: Jetzt bin ich wieder heroben in dieser Kuppelhalle, jetzt geh' ich wieder hinein in diesen hellen Raum.
Th: Wer ist da in diesem Raum?
P1: Es ist niemand drin, es ist nur der Brunnen da. Jetzt geh' ich wieder hin zum Brunnen, bad' mich wieder, setz' ich mich wieder heraussen hin, bade noch einmal und dann komme ich wieder in so einen Kanal hinein, in so einen Windkanal, wh... *Bläst.*
Th: Wo geht's hin, schau einmal wie es weitergeht.
P1: Ja... *Pause, tiefes Atmen,* ja da bin ich in der Nähe von Padua.
Th: Wann kommst du da auf die Welt, in welchem Jahr?
P1: Ich glaub', 367.
Th: Welches Monat, welcher Tag?
P1: Am 1. März.
Th: Welche Zeit?
P1: Um halb zwei.
Th: Wie heißen die Eltern?
P1: Der Vater ist der Tartisius, die Mutter die Prisca.
Th: Wie heißt du?
P1: Ich bin der Markus.
Th: Wieviel Geschwister hast du?
P1: Zwei.
Th: Wie heißen die?
P1: Das ist die Prisca und Leono.
Th: Wie alt wirst du da in diesem Leben?
P1: Da werd' ich nicht alt, ich glaub' nur 28 oder 26.
Th: Was machst du, was arbeitest du?
P1: Ich glaub', am Feld arbeite ich, der Vater ist ein Bauer.
Th: Sprichst du mit den Leuten?
P1: Nein.

Th: Sprechen sie mit dir?
P1: Ja, sie tun schon irgendetwas, aber ich versteh' sie nicht, ich hör' sie nicht.
Th: Dauert dies das ganze Leben, verstehst du nie etwas?
P1: Nein.
Th: Woran stirbst du dann?
Th: Das ist im Krieg.
Th: Was passiert im Krieg?
P1: Da wird mir der Kopf abgeschlagen. Das tut mir da hinten so weh. *Greift sich an den Nacken.*
Th: Ja, spür das, wie passiert das?
P1: *Stöhnt, atmet tief...* Mit Schwertern sind sie...
Th: Warum wird der Kopf abgeschlagen?
P1: Von den anderen.
Th: Gut wie geht es weiter, wann kommst du das nächste Mal auf die Welt?
P1: Die lassen mich da einfach liegen. Aber ich steig' wieder die Leiter hinauf – *lacht* – lustig... *Lange Pause, tiefes Atmen.*
Th: Wo bist du?
P1: Immer noch auf der Leiter. Mh, jetzt bin ich wieder oben, geh' wieder da hinein. Jetzt ist mir richtig kalt. Und da bad' ich wieder. Mir kommt vor, die Goldschicht wird immer mehr da herum, immer eine dickere Goldschicht, mit jedem Mal Baden wird sie immer dicker. Jetzt komme ich wieder in den Windkanal hinein... wh, wh... (bläst.. lacht)..
Th: Wo kommst du jetzt hin?
P1: Jetzt bin ich, glaube ich, schon in Frankreich.
Th: Wo in welchem Ort, in welcher Stadt?
P1: Ich glaube, in Limoge.
Th: Wann, an welchem Datum, wirst du geboren?
P1: 1786, 5. Mai.
Th: Welche Zeit?
P1: Um halb neun am Vormittag.
Th: Hast du Geschwister auch? Wie heißen deine Eltern?
P1: Das ist die Jaqueline und der Francois.
Th: Hast du Geschwister auch?
P1: Kommt mir nicht vor.
Th: Kennst du ein Wiegenlied, ein Lied?

P1: Mon petit, très gentille, mon petit, très gentille, mon petit, je t'embrasse, je t'embrasse, mon petit *(summt dann weiter noch einmal dieselbe Melodie)*,. je t'embrasse, mon petit *(summt wieder)*... et ta mère, et ta mère... tes enfants et... ? et ja t'aime et les aime... com... ? com... *Summt noch einmal die Melodie.*

Th: Wer singt das Lied?

P1: Das singt, glaube ich, meine Mutter, nein nicht meine Mutter... das ist, glaube ich, irgendwo eine Verwandte.

Th: Und wie alt bist du?

P1: Ich glaube, 2 oder 3.

Th: Wie heißt du?

P1: Emile.

Th: Geh einmal weiter, gehst du dann in die Schule? Kannst du ein Lied aus der Schule singen?

P1: *Summt eine Melodie, die er hinterher nach Befragen nicht kennnt, eine Französischstudentin jedoch sofort als die Marseillaise identifiziert.*

Th: Geh dann weiter, kennst du ein Liebeslied dann später?

P1: *Verneint.*

Th: Lernst du später noch ein Lied, wie du schon größer bist? Wie alt bist du jetzt?

P1: Jetzt bin ich 35.

Th: Wo bist du, was machst du?

P1: Ich bin, glaube ich, Kaufmann.

Th: Was verkaufst du?

P1: Alles mögliche.

Th: Hast du selber ein Geschäft?

P1: Ja.

Th: Sprich einmal mit den Leuten.

P1: Bon jour, madame... Vous étaits (?) ... *(nicht verständlich)* – Oui, Monsieur, je voudrais un petit pain. – Oui, voici, et d'autres choses? – Oui, petit beurre et de fromage, s'il vous plaît. – Oui, combien? Un cart ou plus? ... *(unverständlich)* – Merci bien. – Et puis? – C'est tout pour aujourd'hui, merci. – Ça fait six francs trente. – Au revoir, Madame. – Bon jour...

Th: Gut, geh dann weiter vorwärts... Wie lang' lebst du da?

P1: Ich glaub', da sterbe ich mit 52.

Th: Woran stirbst du?

P1: Da falle ich, glaube ich, irgendwo hinunter...

Th: Wo? Geh einmal dorthin.
P1: *Längere Pause.* Da staucht es mich so zusammen (es zieht ihn zusammen). Mir kommt vor, man wirft mich zum Fenster hinaus.
Th: Warum?
P1 *Lacht:* Ich glaube, ich bin da Fensterln gegangen, und da erwischt man mich dabei, wie ich mit der Frau im Bett bin, und der Mann ist ganz wild und packt mich wie ein Paket so – *lacht* – und tragt mich zum Fenster und haut mich hinunter, und da fall' ich auf den Kopf und da bin ich tot und bleib' da liegen. *Lacht aus vollem Hals.* Jetzt schwebe ich da wieder hinauf... ist recht lustig zwischenhinein das Treppensteigen, das dauert immer so lange... – *atmet tief* – und es nimmt kein Ende. So jetzt bin ich wieder oben.
Th: Wie geht's weiter?
P1: Ich geh' wieder bei der Türe hinein. Es ist immer der gleiche Brunnen da. Da tauch ich wieder hinunter und spür, daß ich wieder goldiger werde... *Lacht, freut sich herzlich:* ha ha ha... mir kommt vor, das Gold wächst nach innen hinein, nach außen und nach innen...
Th: Wie geht's weiter?
P1: Jetzt bin ich wieder in diesem Windkanal, es dreht mich so hinaus, hinaus... Jetzt bin ich in Deutschland...
Th: Wann kommst du auf die Welt?
P1: Das ist der 23. Dezember 1867 in der Nacht um halb elf.
Th: Schau einmal, ob du da ein Lied kennst, ein Wiegenlied, das die Mutter mit dir singt...
P1: *Verneint.*
Th: Schau einmal genau... Geh einmal vorwärts bis zu dem Alter, wo du ein Lied kennenlernst zu Hause oder in der Schule... Lernst du kein Lied?... Schau einmal bis du ein Lied hörst... Das ganze Leben lang hast du nie ein Lied gehört?... Gut, woran stirbst du dann?
P1: 1927
Th: Woran?
P1: Da habe ich im Magen ein Geschwür drin.
Th: Wie geht es weiter wenn du stirbst, nach dem Tod?
P1: Es brennt so, zieht mich so zusammen. *Zieht sich zusammen, stöhnt vor Schmerzen, greift sich auf den Magen... beginnt zu lachen... atmet erleichtert auf.*
Th: Ja, wo bist du?
P1: *Lacht.* – Wieder auf der Leiter... mir kommt vor, ich tu' mir jetzt schon schwerer da hinauf...

Th: Warum?
P1: Weil da immer mehr Gold dran ist. Mir kommt vor, da sind mehrere unterwegs, so Bläschen, so goldige...
Th: Kennst du einige?
P1: Nein, mir kommt vor, die einfach Beschichteten, die haben wahnsinnig Respekt vor diesen dicken Goldigen. *Lacht herzlich, freudig...* Die gehen da immer auf die Seite, daß die Dick-Goldigen vorbei können. *Lacht...*
Th: Bist du ein Dick-Goldiges?
P1: *Lacht.* – Schon ein Dick-Goldiges, ja – *lacht* – interessant... Sie tun so, als ob sie nicken täten, so ehrfürchtig – *lacht...* Es sind viele Dick-Goldige unterwegs, aber halt auch andere, und die Dick-Goldigen haben den Vorrang, hetzig ist das. *Lacht...*
Th: Ja, geh weiter.
P1: Mh, ich glaub', jetzt bin ich wieder oben.
Th: Wie geht's weiter?
P1: Ich geh' wieder hinein. Schön ist's da wie im Paradies, in der Mitte der schöne Brunnen, ich bad' wieder und werde ganz dick-goldig, ganz dick Gold – *lacht freudig* – , nach innen ist alles voll Gold, alles voll, fertig voll, nach außen kann ich noch goldiger werden...
Th: Wie geht's weiter?
P1: Da bläst's mich hinaus... oh – *lacht* –, schon schwerer, nicht mehr so leicht wie am Anfang – *lacht* –, und ich glaub', drum flieg' ich auch nicht mehr so weit, ich flieg' nur mehr ganz kurze Strecken...
Th: Wo fliegst du hin?
P1: Jetzt flieg' ich das Klostertal herein und sitz' am Dach oben.
Th: Schau einmal, wie du auf die Welt kommst, wie du größer wirst... Wie alt bist du?
P1: Ich glaub', ich bin grad' auf die Welt gekommen, jetzt schlaf' ich ein bißchen.
Th: Geh einmal dorthin, bis die Mutter mit dir singt... schau einmal, was die Mutter dir vorsingt...
P1: Ich hör' da nichts...
Th: Geh weiter vorwärts, bis du was hörst...
P1: Im Kindergarten ist das, das ist der Hänsel und Gretl... so ein Ringereiaspiel...
Th: Kannst du das singen?
P1: Hänsel und Gretl verliefen sich im Wald, es war so finster und auch so grimmig kalt... sie kamen an ein Häuschen von Pfefferkuchen

fein... uhu, da schau eine alte Hex' heraus. *Er zieht die Silben mit etwas krächzender Stimme, lacht...* Die sagt, ich sing' falsch...
Th: Von der Mutter kennst du kein Lied?
P1: *Verneint.*

4. Sitzung am 4. Jänner 1978

Th: Dieses Mal wollen wir sehen, ob noch früher etwas da ist, vor diesen Gneiszacken... geh nach der Zeitspur zurück, laß dich fallen, ganz weit weg, weit zurück... geh dorthin, wo du Gneis bist...
P1: Jetzt wird mir ganz kalt...
Th: Spür dies... wann ist das, wieviele Jahre zurück?
P1: Jetzt zieht es mir die Brust wieder so zusammen und oben bei den Schultern auch. *Atmet schwer, leidend, es zieht ihn zusammen.*
Th: Betrachte einmal von einem gewissen Abstand, was um dich ist...
P1: Jetzt ist das wieder vorbei...
Th: Wo bist du jetzt?
P1: Mir kommt vor, da...
Th: Geh zurück... schau, was da ist, was dich da so zusammenzieht... laß dich fallen, geh ganz weit zurück... laß auftauchen, was da kommt, Bilder...
P1: Ich seh da nichts...
Th: Geh einmal in das, was dir schon bekannt ist, schau, ob du wieder da hineinkommst... schau, was da kommt...
P1: *Pause.* Ich seh jetzt schon Berge, aber mir kommt vor, ich gehör' da nicht dazu, nicht so wie damals, wo ich den Eindruck gehabt hab', ich gehör' da dazu, sondern ich schau' sie jetzt einfach da an. Es könnten entweder die Berge von da sein, wie ich jetzt einfach da beim Fenster hinausschau', oder es könnte daheim sein, wenn ich beim Fenster hinausschau', also einfach hohe Berge irgendwie, aber ohne, eher als Panorama und nicht als Teil von mir sozusagen. Das ist irgendwie anders als damals (bei den ersten Sitzungen). – Ich hab' den Eindruck, ich bin ein Mensch, verstehst, und schau' mir halt die Berge jetzt an, weil du gesagt hast, ich soll in diese Gesteinszeit zurückgehen, ist eigenartig, wieso... ja.

Th: Ja, versuch dich zu lösen, von dem Menschsein jetzt. Lös dich einfach ab und geh auf Reisen und spür, wie du früher einmal auf der Welt warst, ob irgendeine Szene auftaucht...
P1: Ich hab' den Eindruck, ich kann nicht mehr zurück. Verstehst, ich hab' jetzt versucht, das mit dem Affen und das mit der Robbe. Und da kommt mir immer vor, daß ich als Mensch irgendwie danebensteh', so wie ich heut' bin und dies anschau' – und jetzt im Zusammenhang mit der Sache mit dem Stein, ja. Ich hab' den Eindruck, als ob ich, ja als ob es kein zurück mehr gäbe... Ich kann es mir zwar nicht erklären, wieso dies sein soll, aber, ja, das ist einfach eine Hypothese von mir: Wenn man dies einfach einmal durchgemacht hat, verstehst, also vom jetzigen Menschsein sich zurückfallen hat lassen in die verschiedenen Stufen von früher und so, wenn man das einfach dann als Mensch noch einmal durchgelebt hat, dann ist es einfach aus, dann bleibt eigentlich nur mehr dieser Mensch da, zwar mit dieser Geschichte, aber nicht, daß man da immer wieder in diese Vergangenheit zurückfallen könnte.
Th: Du könntest schauen, ob da noch etwas ist, was du noch nicht durchgemacht hast in der Vergangenheit, ob es da noch etwas gibt, ob es z.B. zwischen Stein und Tier etwas gibt, ein Pflanzenstadium oder was, ob noch irgendwas ist, was du noch nicht erlebt hast...
P1: Jetzt wird mir wieder kalt und dies ist immer ein Zeichen, daß wieder irgendwas los ist... mir kommt vor, ich kleb' da an einem Stein dran, es dürft' so irgendeine Flechte oder so irgendwas sein. Ja mir kommt vor, ich kleb' da an einem Stein dran, so wie auf Almböden oder so irgendwie ist's so, wo so Flechtenzeug, so graugrüne Sachen auf den Steinen kleben, mh...
Th: Und wann ist das, in was für einer Zeit?
P1: Ja, das liegt auch schön weit zurück...
Th: Schau einmal wieviele Jahre, Jahrtausende?
P1: 13 565.
Th: Und wo ist das, in welcher Gegend...
P1: Es ist immer dort ziemlich kalt, ich weiß nicht, ist das irgendwie im Norden oben...
Th: Spürst du die Kälte auch?
P1: Ja.
Th: Was kannst du noch alles wahrnehmen und beobachten? Du spürst die Kälte, kannst du dich auch verständigen mit dem Stein, wo du drauf bist oder mit anderen Flechten?

P1: Nein, kann ich nicht. Mir kommt nur vor, ich seh ab und zu so einen hellen Glanz, so irgendetwas Helles, und dies verschwindet nach einer gewissen Zeit wieder und dann kommt es wieder herauf und verschwindet wieder und es geht immer so weiter...
Th: Wie fühlst du dich da als Flechte?
P1: Ja ganz so trocken, ich weiß nicht wie ich sagen soll... Es ist schon ein bißchen was Bewegliches dran an mir im Vergleich zum Stein, zum Gneis.
Th: Angenehmer?
P1: Ja, angenehmer. Aber sonst, ja man pickt einfach so dort. Ja und mir kommt vor, man registriert, daß die Sonne, daß da das Helle kommt und geht und daß man dann wieder ganz unterm Eis drunter ist, daß das mit der Zeit wieder verschwindet.
Th: Und wie lange existierst du in dieser Form?
P1: Ja, ich glaub', 230 Jahre.
Th: Und was kommt dann, geh hin, wenn du aufhörst, in der Form zu existieren.
P1: Jetzt wird alles wieder lockerer. Jetzt kommt mir vor, als ob ich ein Frosch wäre, so ein ganz ein kleiner, wenn sie so noch die Schwänze hinten haben, ich weiß nicht, bin ich erst auf die Welt kommen?
Th: Kannst du dich da verständigen?
P1: Ja am Anfang nicht, mir kommt vor, da haben wir das Maul noch fast zu.
Th: Kannst du ein bißchen vorgehen, soweit, bis du dich verständigen kannst...
P1: Queng... queng... quä... queng... quä. – *Froschsprache? Er verzieht dabei das Gesicht, daß man glauben möchte, er sähe wie ein Frosch aus.*
Th: Was hast du gesagt?
P1: *Atmet schwer und tief.* Ja es ist ist so gewesen, als ob... Ich glaub', da bin ich ein Weibchen und hat's Männchen irgendwas herüberlassen aus seinem Maul und da hab' ich gesagt: Ja da ist etwas im Maul drinnen... Ich hab', glaub' ich, auf die Jungen aufpaßt, auf die ganz kleinen, und da habe ich, glaube ich, zum Männchen gesagt, er soll uns was zum Fressen bringen.
Th: Wie lange lebst du da als Frosch?
P1: Nur ein paar Monate lang.
Th: Was passiert dann?

P1: Mir kommt vor, da frißt mich irgendein Tier.
Th: Was ist das für ein Tier, kannst du das sagen?
P1: Nein.
Th: Wie fühlt sich das an?
P1: Ja das ist so, momentan so ein wahnsinniger Druck da oben, das preßt, mir kommt vor, preßt die Zunge an den Gaumen. – *Preßt sich vor Schmerz zusammen und atmet dann erleichtert auf.* – Jetzt bin ich, glaube ich, nimmer.
Th: Wo bist du jetzt?
P1: Ich weiß nicht.
Th: Schau, wie es weiter geht, wann du wieder auf die Welt kommst.
P1: Ich glaub', mit... das hat jetzt mit diesem Kügelchen zu tun, daß ich da hinaufmarschier', da bin ich aber noch ein ganz dünnes, ziemlich ein dünnwandiges Kügelchen, mh, ja mh, da marschieren schon ganz andere an mir vorbei, bzw. ich bin schon ziemlich wendig und so, aber es gibt da noch ganz andere...
Th: Ja, schau, wie es weitergeht...
P1: Ich glaub', ich kenn' das schon da, ich bin den Weg, glaube ich, schon zweimal gegangen.
Th: Wann bist du ihn das erste Mal gegangen?
P1: Ja, ich glaub', nach dem Gneis, oder sind es sogar dreimal, und dann nach dem Edelstein und nachher als die Flechte und jetzt als der Frosch, dann ist es jetzt schon das 4. Mal.
Th: Versuch, dich einmal zu lösen und vor dem Gneis zurückzugehen, was da war. Versuch ganz an den Ursprung zurückzugehen, wo du das Gefühl hast, du existierst irgendwie.
P1: Mir kommt's da so nebelig vor.
Th: Wo bist du, was bist du?
P1: Mh, das heißt, ich bin viel kleiner noch als wie beim Gneis, ich weiß nicht, ich kann nicht sagen, ein Tröpfchen oder so, ja, ganz was Winziges, so ein Stäubchen ist das...
Th: Und wann ist das? Schau einmal, was für eine Zeit...
P1: Ja da muß ich sehr weit zurück.
Th: Ja, geh dorthin!
P1: Ich weiß nicht, ist das vor 150 Millionen Jahre... Wir ziehen da durch die Gegend so, ich weiß nicht, wie man das nennen soll. Wir werden da getrieben, kommt mir vor, es ist so ein komischer Nebel...
Th: Und wo ist das? Ist es auf der Erdkugel da?

P1: Mir kommt vor, es ist irgendwo anders. Es hat nichts mit der Erde zu tun, da ziehen, glaube ich, mehrere Schwaden herum.
Th: Ist das auf einem anderen Stern, auf einem anderen Planeten?
P1: *Verneint.*
Th: Ist es, bevor die Erde existiert?
P1: Kommt mir vor, ja.
Th: Wie lange existierst du in der Form?
P1: Ich weiß nicht.
Th: Schau einmal.
P1: Vielleicht 600 000 Jahre.
Th: Und was passiert dann nach dem Nebel?
P1: Mir kommt vor, da werden wir auch so zusammengepreßt, irgend etwas... es wird jetzt ganz dicht, kommt mir vor, es wird immer dichter *(atmet schwerer)* , die Bewegungsfreiheit wird immer mehr eingeschränkt, kommt mir vor *(atmet immer schwerer).* Das kann ich gar nicht beschreiben, das ist... das ist... es ist nicht Stein und ist aber auch nicht, ja... irgend so was Dickflüssiges, kommt's mir vor, es ist viel dicker wie Wasser, so wie ein dicker Brei.
Th: Und wo existiert das, ist das die Erde?
P1: Das ist schon irgendwo auf der Erde, kommt mir vor.
Th: Um welche Zeit ist das?
P1: Ich weiß nicht, vielleicht vor 90 Millionen Jahren – und es geht alles drunter und drüber, kommt mir vor.
Th: Ist das der Anfang der Erde?
P1: Ja, kann schon sein.
Th: Wie lange existierst du so?
P1: Mir kommt vor, lang. Ja, es wird immer fester, kommt mir vor. Fester und kälter wird's, kommt mir vor, mh, mh. Mir kommt vor, es gibt jetzt schon so Aufwürfe, wenn sich etwas so zusammenfaltet und das so auf die Seite kippt.
Th: Was bist du?
P1: Mir kommt vor, ich bin auch in der Masse drinnen.
Th: Ist es noch nicht der Stein, der Gneis. Gut, ist dazwischen noch was?
P1: Ja, muß sein.
Th: Schau einmal.
P1: Ja ich bin noch nicht ganz fertig. Mir kommt vor, das ist schon irgendeine Versteinerung. Es wird immer härter, kommt mir vor, es wird immer unangenehmer. Aber eigenartig ist, daß es mir nur den

Oberkörper da betrifft, mh, es zieht mich da immer mehr zusammen. *Atmet schwerer, Pause.* – Mh, da hat sich jetzt irgendwas geändert, aber ich kann mir nicht vorstellen, was das ist. Mir kommt vor, es ist hart geworden, das was vorher so dickflüssig gewesen ist. Jetzt kommt mir so vor... jetzt seh ich so irgendeine Art von Vulkan so..., was so das Ganze hinaushaut so, mh, mir kommt vor, da schleudert's uns da irgendwo hinaus... da ist auch wieder so eine Art, auch wieder so ein dickflüssiges Ding. aber interessant ist, es kommt mir nicht heiß vor, nur wenn's wieder versteinerter wird... das nimmt man als selbstverständlich hin und das was nachher kommt, da spürt man dann erst, was los ist, daß sich da was geändert hat, wenn's immer so weh tut (?) ganz im Dunkeln drin, kommt mir vor...

Th: Was bist du da, Stein?

P1: Das ist irgend so eine Flüssigkeit, kommt mir vor.

Th: Wie tief in der Erde ist das, kannst du das sagen?

P1: Ja, ich weiß nicht, sind 150 oder 200 km.

Th: Wie lang existierst du in der Form?

P1: Ich glaub', dreieinhalb Millionen Jahre.

Th: Und was passiert dann? Was kommt als nächstes?

P1: Mir kommt vor, da ist ein wahnsinniger Druck von irgendwoher, von unten, nein nicht nur von unten... und das drückt das Zeug einfach in die Höhe.. Jetzt wird's heller, interessant, ja jetzt wird es richtig hell... und kälter wird's und härter wird's, mh. Jetzt wird's hart. Mh, jetzt sitz' ich da oben, der Gneis. *Atmet tief.*

Th: Gut, lös dich von dem und versuch, noch weiter zurückzugehen, ob vor dem Nebel noch etwas ist, irgendeine Form der Existenz, ob dies hier auf der Erde ist oder sonst auf einem Gestirn... irgendeine Form der Existenz... oder hat da die Existenz angefangen... schau einmal, wo die Existenz angefangen hat..

P1: *Lange Pause, tiefes Atmen...*

Th: Hast du plötzlich als Nebel angefangen?

P1: Mh. *Bejaht.*

Th: War früher nichts?

P1: Nein, da sehe ich nichts.

Th: Wie hast du plötzlich angefangen als Nebel, wie ist das passiert, was war die Ursache, das auslösende Moment?

P1: Mir kommt vor, kälter ist es geworden.

Th: Dann hast du in dieser Form zu existieren angefangen?

P1: Das kommt mir vor, wie wenn die Luft sehr feucht ist, und wenn es kälter wird, wird dies einfach sichtbar, dann schlägt sich das einfach irgendwo nieder.
Th: Auf einem anderen Planeten hast du nie existiert, kannst du ein bißchen umherfliegen?
P1: Nein, das kommt mir alles so fremd vor, nein, das hat nichts mit mir zu tun.
Th: Weißt du, wie du anfangst zu existieren, wie lang du existieren wirst, in welchen Formen, oder ist dies alles unbestimmt?
P1: Nein, das weiß ich nicht.
Th: Gut, lös dich von dem und geh herauf, überblicke, überflieg alle Stufen deiner Existenz, ob da noch irgendwo etwas fehlt, ob du etwas ausgelassen hast...
P1: Nein, mir kommt die Entwicklung ganz toll vor, schön zum Anschauen.
Th: Wo bist du jetzt?
P1: Jetzt bin ich schon ganz heroben, in meinem jetzigen Leben.
Th: Geh noch einmal zurück, wir waren beim Frosch, was kommt nach dem Frosch?
P1: Die Robbe.
Th: Dazwischen nichts mehr?
P1: Der Affe...
Th: Kannst du sagen, welcher Affe du bist?
P1: Mir kommt vor, so ein großer, so ein Menschenaffe, der uns recht ähnlich schaut, ein Orang Utan oder so etwas.
Th: Und in welcher Gegend?
P1: Ich glaub', das ist auch in Afrika.
Th: Das nächste Mal?
P1: Indien, und dann käme Afrika.
Th: Wo ist das in Afrika?
P1: Mir kommt vor, ganz im Süden unten.
Th: Wie der Stamm heißt, kannst du nicht sagen?
P1: Juira.
Th: Welche Sprache die sprechen, wird die jetzt noch gesprochen in Afrika?
P1: Mir kommt vor, die sind dann weiter gezogen, weiter nach Norden, aber eher auf die Ostseite hinüber.
Th: Welcher Stamm hat sich heute daraus entwickelt?
P1: Ich glaub', der lebt nicht mehr.

Th: Die Sprache, existiert die noch?
P1: Vielleicht, einzelne Wörter sind herum.
Th: In welcher Sprache?
P1: Weiß ich nicht.
Th: Wie hat die Sprache geheißen?
P1: Weiß ich auch nicht.
Th: Welche Zeit ist das?
P1: Ist etwas 4 000 vor Christus.
Th: Wann ist das in Indien?
P1: So 7 000 vor Christus.
Th: Was ist dann?
P1: Dann ist Italien?
P1: Mir kommt vor, da bin ich in Frankreich.
Th: Nach Frankreich?
P1: Deutschland.
Th: Kannst du schauen, ob da von deiner Familie heute noch jemand lebt, Kinder oder Enkelkinder?
P1: Nein, da sehe ich nichts.
Th: Wieviel Enkelkinder waren, als du 1927 gestorben bist?
P1: Da ist überhaupt nichts mehr da.
Th: Wie heißt die Frau, wie heißt du...
P1: Weiß ich nicht.
Th: Kommt das nicht mehr?
P1: Nein.
Th: Kannst du vorausschauen? Gleich wie in die Vergangenheit kannst du in die Zukunft gehen, auf der gleichen Achse, auf der gleichen Spur, in der Entwicklung einfach weiterschauen und sehen, was da kommt...
P1: Mir kommt vor, das geht nicht.
Th: Was hindert dich daran?
P1: Hindern tut mich, glaube ich, nichts dran, aber mir kommt vor, daß ich einfach wachsen muß und reifen und daß man als sechsjähriges Kind nicht sagen kann, wie groß man mit 20 Jahren ist.
Th: Wie ist es, wenn du jetzt zurückblickst auf die Existenz als Nebel, als Stein... mit dem Bewußtsein... ist es das gleiche oder hat es sich geändert, das Gefühl, der Geist, mit dem du schaust, mit dem du das überblickst?
P1: Ich glaub', der ist da auch, der ist auch irgendwie geworden.

Th: Und wann hat das angefangen, die erste Existenz vom Geist, mit dem du schaust, mit dem du das überblickst?
P1: Ich glaub', der ist da auch irgendwie geworden.
Th: Und wann hat das angefangen, die erste Existenz vom Geist?
P1: Mir kommt vor, damals, wo es kälter geworden ist, mir kommt vor, wo ich Materie geworden bin.
Th: Ist da der Geist zugleich entstanden?
P1: Ja, kommt mir vor.
Th: Was ist das für ein Geist, mit dem du das alles jetzt überblicken kannst, mit dem du da zurückfliegen, mit dem du die Entwicklung überblicken kannst?
P1: Mir kommt vor, das ist einfach eine Weiterentwicklung des Geistes von damals, der in den Millionen Jahren und in den verschiedenen Inkarnationen immer wieder mehr geworden ist. Ich kann gar nicht beschreiben, wie das ist; man könnt' sagen, verdichtet. Man könnte sagen, farbiger geworden, hat Struktur bekommen, ja, es ist etwas geworden daraus, etwas Kompakteres, während am Anfang das völlig diffus war, ist mir vorgekommen. Vielleicht schon über die Existenz, wie soll ich sagen, als ein Wissen, daß man ist, aber nicht so ein Reflektieren wie heute z.B. Mir kommt vor, da ist einfach eine Entwicklung drinnen im Ganzen.
Th: Wer ist da verantwortlich für die Entwicklung, wer kann da die Entwicklung beeinflussen, daß das so läuft, wie es gelaufen ist? Wie ist dies passiert, was ist da verantwortlich dafür?
P1: Weiß ich nicht.
Th: Daß aus dem Nebel ein Stein wird usw. ...
P1: Da ist die Kälte... ich würde sagen, äußere Umstände teilweise auch...
Th: Und daß du gerade eine Robbe und dann in Indien auf die Welt gekommen bist... usw.
P1: Mir kommt das vor wie mit diesem Windkanal... Es kommt mir fast wie ein Lotteriespiel vor, wie bei einer Roulettekugel... Da ist einfach jemand da, der dreht... Je fester der dreht, desto weiter geht die Kugel... Und so bin ich mir im Windkanal vorgekommen, und je intensiver der Wind hinter mir bläst, umso weiter werde ich weggetrieben, und mit der Zeit geht das Goldkügelchen irgendwo nieder. Und es ist immer auch eine Aufwärtsentwicklung dahinter, aber wer da dahinter steht, ist mir unklar.
Th: Du hast das nicht in der Hand, wie das läuft?

P1: Kommt mir vor, nicht. Ich hab' das zwar in diesem Leben in der Hand, aber wo es mich dann wieder hinschleudert, das glaube ich nicht, daß ich das in der Hand habe.
Th: Wie ist es mit der Zeit in dieser Entwicklung?
P1: Ich glaub', da spielt die Zeit nicht so eine wahnsinnige Rolle wie in unserem Verständnis, ich glaub', das ist ein bißchen anders, kommt mir vor. Ich glaub', mit der Zeit haut das nicht ganz hin. Unsere Zeitvorstellungen sind da, glaube, nicht angebracht. Da kann manches, was auf unserer Zeitspur vielleicht nur ein Tag ist, kann dort vielleicht Jahre sein oder Jahrzehnte, oder so irgendwie. Das kommt mir jetzt ganz sicher vor, daß unser jetziges Zeitverständnis und unsere Jahresberechnung mit dem ganzen nicht ganz übereinstimmt bzw. daß das etwas ganz anderes ist.
Th: Womit stimmt das Gefühl, das Körpergefühl, das psychische Gefühl... eher überein – mit dieser Zeit in dieser Entwicklung oder mit unserer Zeitrechnung?
P1: Das hat mit unserer Zeitrechnung sehr wenig zu tun, kommt mir vor. Das ist ziemlich eine willkürliche Sache bzw. eine spätere Einführung überhaupt und ist ziemlich willkürlich.
Th: Stimmt es mit dieser Zeitrechnung in der Entwicklung eher zusammen, wenn du da so viele verschiedene Entwicklungsstufen durchgemacht hast, stimmt das mit dem Gefühl überein, das du jetzt im Körper hast?
P1: Das könnte ich mir vorstellen, ja. Also ich glaub', das läuft nicht synchron mit unserer Zeitrechnung, es scheint mir... Ja einer Ameise kannst nicht erklären, was ein Kilometer ist, das ist einfach eine sinnlose Sache. Und so kommt mir auch unsere Zeitrechnung, damit man sich verständigen kann, gut vor, weil man sonst überhaupt in der Luft schweben tät'. Aber mit dem wirklichen Leben hat es nicht sehr viel zu tun.

Es ist einfach so gewachsen, geworden, und ich habe einfach verschiedene Entwicklungsstufen durchgemacht. Da kommen jetzt diese zwei Zeitrechnungen zusammen: eine, wie soll man sagen, der natürlichen Entwicklung, z.B. meiner individuellen Entwicklung, und die allgemeingültige Zeitrechnung, die bei uns jetzt existiert und die ich für mein Leben auch akzeptieren muß und akzeptier', weil ich seh', daß man irgend etwas braucht, womit man übereinkommt. Aber die hat mit meiner individuellen Entwicklung, ja, nichts zu tun. Das ist so ein Raster, der so auf der Seite daherläuft und, ja, wo es halt einfach nicht stimmt, wo es stimmt in meinem jetzigen Leben, in meinem Leben, in dem ich jetzt lebe, so scheint's mir zu stimmen.

Th: Ja, wenn du dich zurückversetzt in frühere Leben... wie z.B. in Afrika und Indien, da kannst du die Sprache sprechen... da taucht das wieder auf, praktisch alle Informationen...

P1: Mh, mir kommt vor, nur sehr begrenzt.

Th: Könntest diese weiter ausbauen oder auftauchen lassen, das mit der Sprache z.B.?

P1: Ja das weiß ich nicht.

Th: In Frankreich z.B., das Französisch. Kannst dir vorstellen, daß du dann leichter Französisch lernst, wie wenn du das jetzt so lernen mußt vom Buch aus... wenn das wieder auftaucht und bewußt wird, diese Zeit?

P1: Ja, einerseits könnte ich es mir vorstellen, daß das leichter geht, aber auf der anderen Seite sind, ich weiß nicht, wie ich das sagen soll, diese früheren Entwicklungsstufen; ja ich wollt' jetzt ursprünglich sagen, daß sie fast uninteressant werden. Ja, wichtig für einen, weil man sie als Entwicklungsstufen durchlaufen hat, aber von der höheren Stufe her, oder, ja, sagen wir jetzt einmal höher, – von der höheren Stufe her irgendwie eine notwendige Vorbedingung. Aber nicht so interessant, daß ich dauernd da zurückschau' ins Frühere, weil ich da, ja, mir kommt vor, da tät' ich einfach dann im Jetzt zu wenig leben, bzw. die jetzigen Möglichkeiten zu wenig ausschöpfen, die jetzige Entwicklung, ich könnte mich möglicherweise nicht optimal entwickeln. Also ich müßte die ganze Entwicklung, meine individuelle Entwicklung von, sagen wir jetzt einmal, von diesem Urnebel an bis herauf, bewußt in mir akzeptieren, aber eher mit Blickrichtung in die Gegenwart bzw. in die Zukunft. Wobei eben die Gegenwart das Wichtige ist: daß ich aus den verschiedenen, daß ich da das Optimale heraushole bzw. daß ich da ganz drinnen steh' und daß dann ich mich weiterentwickle und auch mein Bewußtsein und mein Geist sich weiterentwickelt.

Th: Hast du das Gefühl, daß du jetzt mehr in der Gegenwart leben kannst, wenn du jetzt diese Entwicklung kennst?

P1: Den Eindruck habe ich schon.

Th: Wodurch?

P1: Ja, einfach durch das, wie soll ich sagen, mir scheint, es ist ein volleres Bewußtsein einfach da von mir, bzw. ich habe ein volleres Bewußtsein meiner selbst. Also daß ich nicht erst, angenommen, 1937 erst angefangen habe und möglicherweise 1980 oder 90 oder 2000 wieder aus, Ende ist, sondern daß da in mir wirklich Geschichte drinnen steckt wie auch in anderen drinnen und daß ich mit diesem geschichtlichen Bewußtsein, nämlich meiner eigenen Geschichte, mit diesem Bewußtsein ganz anders im Jetzt herinnen stehe, als wenn ich so isoliert für 70, 80 Jahre herumschwirre. Ja, ich hab den Eindruck, man kann – so ein Modewort – man kann einfach „intensiver" leben. Es müssen nicht, weiß Gott für großartige Dinge sein, aber mir kommt vor, ich stehe ganz anders auf dem Boden, seit ich diese Sachen da, ja seit ich da in meiner Geschichte zurückgeschaut habe. Ja ich komme mir, ja wie soll ich sagen, nicht so als Zufallsprodukt vor wie vorher und auch nicht so unwichtig; mir kommt vor, ich bin einfach mit dem Boden besser verbunden, also mir kommt vor, ich hab' Wurzeln geschlagen, würde ich so sagen. Obwohl ich beweglich bin, möglicherweise geistig beweglicher wie früher, habe ich Wurzeln geschlagen, bin also mit der Erde, mit der Materie, mit der ganzen Geschichte usw. einfach in Verbindung. Irgendeine Einheit, kommt mir vor, ist dies, irgendwie Harmonie, kommt mir da vor. Früher ist man einfach so, entwurzelt, könnte man vielleicht sagen, einfach so hin und hergerissen von allem und, ja wie ein Hampelmann, der in der Luft hängt, der einfach so nix... und jetzt kommt mir vor, daß ich einfach irgendwo steh' und wachse.

Th: Und was war das Entscheidendste, die früheren Erfahrungen oder die Erfahrungen bis zur Geburt oder die Zeit in der Schwangerschaft (die der Patient ausgiebig in der Primärtherapie und in einem ähnlichen „Zurückgehen" erfahren bzw. 'wiedererlebt' hatte), wenn du die drei (Zeitabschnitte) vergleichst: von jetzt bis zur Geburt und die Zeit von der Geburt bis zur Zeugung und die verschiedenen Inkarnationen vorher, was das Wesentlichste war für das Gefühl jetzt, daß du in der Gegenwart besser leben bzw. besser verwurzelt oder verbunden bist?

P1: Ich glaub', das gehört alles zusammen, also ich tät' da keinem den Vorzug geben. Ich glaub', es sind alle drei Sachen, wenn man das jetzt so grob aufteilen will, ganz fundamentale Erfahrungen, die einfach dazugehören, verstehst, man kann... es ist auch nicht sinnvoll zu sagen, welcher Zeiger ist jetzt wichtiger... wenn man eine genaue Uhrzeit wissen will, braucht's einfach die zwei Zeiger dazu oder sogar die drei Zeiger... und jetzt zu sagen, welcher Zeiger ist jetzt wichtiger, wenn ich eine genaue Uhrzeit wissen will, ist einfach sinnlos; ich brauche alle drei Zeiger dazu, um zu sagen, ja jetzt ist es 14 Uhr sechzehn und 30 Sekunden.

Th: Und was die Struktur deines jetzigen Lebens am meisten beeinflußt hat? Welche früheren Erfahrungen oder Informationen?
P1: Diese Entwicklung einfach, von diesem Nebel zum Stein...
Th: Kannst das in deinem jetzigen Leben, im Körper oder im Gefühl oder im Geist irgendwo spüren noch... wo kannst du diesen Nebel spüren z.B., wo sich der noch, wo diese Informationen gespeichert sind, kann man das so sagen?
P1: Ich weiß nicht, mir kommt vor, mein Herumziehen oder so und mich eigentlich überall Wohlfühlen, verstehst, ob das mit dem irgendwie zu tun hat? Ich fühl' mich... wenn ich jetzt 3 Tage in Innsbruck unten bin und beim Dietmar (Freund) z.B. schlafe und schreibe in mein Tagebuch: „Am Abend um 18 Uhr bin ich daheim“, das schreibe ich in Innsbruck, das schreibe ich genauso in Langen (bei den Eltern), in Reith, das schreibe ich in Linz (bei seiner Frau)... ich bin... mir kommt vor, dort wo ich bin, bin ich daheim. Und ich weiß nicht, ob das irgendwas von dem ist, daß ich mich nicht unbedingt auf irgendeinen Ort konzentriere bzw. sage, nur da bin ich daheim oder wo die Ingrid ist (seine Frau), bin ich daheim, ja, wenn ich in Linz bin, bin ich bei der Ingrid daheim – also nicht so, ja nicht so wahnsinnig gebunden an irgendeinen Ort.
Th: Gut, das wär' das mit dem Nebel, kannst du jetzt das mit dem Stein sagen?
P1: Das vom Stein kommt mir eher auf meinen Körper bezogen vor.
Th: Und wo genau ist das, was du spürst?
P1: Ja eben, gespürt habe ich es interessanterweise immer nur am Oberkörper.
Th: Die ganze Entwicklung?
P1: Ja, wenn es um Versteinerungen gegangen ist. Ich hab' kaum einmal bei den Beinen unten... die sind mehr oder weniger immer lahm dagelegen, oder lahm kann man auch nicht sagen... Ich hab' gespürt, daß sie da sind, aber interessanterweise zusammengezogen hat es mir immer nur den Brustkorb und vor allem die Partien oben am Schulterblatt bzw. die Schultermuskulatur.
Th: Und die nächste Form, was war das?
P1: Das wär' dann der Frosch.
Th: Das mit dem Edelstein?
P1: Ja, das mit dem Edelstein, das ist im Prinzip dasselbe, das ist eine veredeltere Form des Anderen nach unserem Verständnis, aber trotzdem auch...

Th: Und von der Pflanze?
P1: Von der Flechte...
Th: Du warst nur einmal als Pflanze?
P1: Ja.
Th: Wie wirkt sich das aus, dieses Gefühl?
P1: Ja, ich weiß nicht, ob das mit meiner Haut irgendwie zusammenhängt, wo ich ab und zu den Eindruck hab', daß ich eine trockene Haut hab' und daß ich... vielleicht hängt das wirklich mit meiner Haut zusammen...
Th: Und hängt dies mit der speziellen Art der Pflanze, Flechte... welche Gattung...
P1: Ja, da hab' ich auch meinen Fußpilz, den ich jetzt, glaube ich, irgendwie loswerde... So schuppig, so komisch... ja, vom Gefühl her tät' ich sagen, ja das hängt mit dem zusammen, ja, doch, weil ja ab und zu schon....
Th: Wie lange hast du schon...?
P1: Den Fußpilz?
Th: Ja.
P1: Da müßt' ich einmal schauen, ich hab' mir das einmal ausgerechnet... vielleicht in den 60er Jahren...
Th: Und jetzt geht er weg?
P1: Ja.
Th: Das ist dies mit der Flechte und dann mit dem Frosch, kannst dir vorstellen, was das zu tun hat mit deinem jetzigen Gefühl?
P1: Nein... mh *lacht etwas*... nein...
Th: Und dann weiter, welche Existenzform hat mit dem jetzigen noch am meisten zu tun? Robbe, Affe...?
P1: Ja, der Affe, glaub' ich, einfach mit dem Gehen und auch, kommt mir vor, nicht so sehr beschränkt auf einen bestimmten Punkt, sondern auch das Herumziehen irgendwie, in gewisser Hinsicht beweglich sein einfach.
Th: Und die menschlichen Inkarnationen, was haben die für einen Einfluß?
P1: Ja mir kommt vor, das ist der Anfang des Reflektierens, also des Selbstbewußtseins, ja, wo es... Eigenartiger Weise das mit Italien, das kommt mir vor wie ein Rückschlag drinnen... Verstehst, das mit dem Stummsein, mit dem Taubstummsein... Ja... wo ich mir jetzt nicht sicher bin, ob dies ein Rückschlag ist oder nicht...

Th: Du hast nicht das Gefühl, daß du etwas Besonderes lernen hättest müssen durch das Taubstummsein?
P1: Wohl, das Reden, glaub' ich. Ja, ich bin mir sehr lange immer als Taubstummer vorgekommen, auch in diesem Leben da. Wo ich gerade am Überlegen bin, ob sich nicht die ganze Entwicklung auch in meinem jetzigen Leben widerspiegelt. Das ist nur so ein Gedanke, der mir gekommen ist.
Th: Und vom Gefühl her?
P1: Das mit dem Stumm... das wär' eine ganz wesentliche Erfahrung, kommt mir vor...
Th: Die du mit diesem Leben gemacht hast?
P1: Ja, daß ich, wie soll ich sagen, daß mir bewußt ist, daß die anderen miteinander kommunizieren können, daß sich da einfach was abspielt, und ich kann dies nicht, und daß ich durch dieses Nichtkönnen einfach nicht teilnehmen kann an dem, was sich da abspielt.
Th: Könntest du sagen, daß das in Bezug auf deine Zukunft, z.B. auf den Tod, eine Auswirkung hat, auf deine Einstellung zum Tod... diese ganze Entwicklung?
P1: Würde ich meinen, ja.
Th: Inwiefern?
P1: Ja, indem ich ihn einfach völlig gelassen – was heißt gelassen, das ist falsch... daß ich ihn einfach – akzeptiere, wann er kommt und wie er kommt... Wobei das Wie... mit dem Wie ich eine Einschränkung mache. Ich glaub', daß ich einen schmerzlosen Tod haben möchte, einfach vom Gefühl her, daß Schmerzen etwas sehr Unangenehmes sind. Aber das Faktum des Sterbens, da hab' ich überhaupt keinen Horror davor, obwohl ich früher einen gehabt habe und möglicherweise das auch ein Mitgrund war, warum ich mich für Theologie interessiert hab'... ja weil ich dort halt in dem religiösen System eingebettet war und einen Anfang und ein Ende gehabt habe. Aber das hab' ich jetzt natürlich auch, verstehst: Aufgrund meiner, dieser Inkarnationsentwicklung, oder wie man da sagen soll, bin ich überzeugt davon, daß es auch weitergeht, wo ich nicht weiß, wann es weitergeht und wie es weitergeht. Aber ich glaub' einfach, daß es eine Aufwärtsentwicklung ist und daß ich hinter meine Entwicklungsstufe einfach nicht mehr zurückfallen kann und daß da kommen kann, was will: Man kann mir mein Leben nicht... man kann mir mein physisches Leben jetzt nehmen, aber das, was weitergeht, kann man mir nicht nehmen. Und daß

irgendwo einmal, auch möglicherweise nach einem Atomkrieg oder irgendwas, ich irgendwo wieder auftauchen werde, das glaub' ich.

Gespräch mit P1 am 11. September 1990:

P1 akzeptiert eine anonyme Veröffentlichung der Protokolle.

Th: Wie siehst du heute diese Erfahrungen mit der Rückführung bis zum „Urnebel"?
P1: Ich hab' schon damals von Reinkarnation nichts gehalten. Was ich sagen kann, ist, daß ich diese Erfahrungen gemacht habe. Aber daraus zu schließen, daß ich verschiedene Seinszustände durchgemacht habe, kann ich nicht sagen. Ich kann nur sagen, daß mir diese Bilder durch den Kopf gegangen sind. Du hast da von verschiedenen Leben geredet: Tod und neues Leben... höhere Entwicklungsstufen... Tod und neues Leben... Ich bring' das alles in einem Leben unter. Ich könnte mir vorstellen, daß man dann, daß man geistige Fähigkeiten entwickelt, daß man dann die Zeiten vorher – embryonales Stadium z.B. – als Vorläuferstadium erlebt und das möglicherweise als Baum, Stein... je nachdem wie weit man da zurückgeht.
Da stehen sich möglicherweise zwei Theorien gegenüber: Die Reinkarnationstheorie, die du vertrittst im Prinzip... ich sag' nicht, daß es sie nicht gibt... ich kann nur von mir nicht hundertprozentig sagen, daß ich aufgrund dieser Sitzungen der Überzeugung bin, ich hätte mehrere Leben erlebt.
Th: Du hast damals gesagt, daß es mit der Nackenwirbelsäule...
P1 *fährt gleich fort, ohne Th aussprechen zu lassen:* Ich könnte mir vorstellen, daß verschiedene Beschwerden, die man in die Therapie bringt, während der Therapie irgendwelchen Stadien zugeordnet werden... während der Therapie gibt es Verbindungslinien zu heute: Wo ich sage, das gehört daher oder das hat damals seinen Ursprung genommen.
Th: Du würdest nicht sagen, daß irgendeine Situation aus einem früheren Leben gleichsam Ursache für eine Beschwerde heute sei und durch das Wiedererleben behoben werden kann?
P1: Ich habe den Eindruck, daß man in der Therapiesituation so übersensibel ist, daß man da Begründungszusammenhänge sieht. Ab und zu habe ich den Eindruck, daß einem in dieser Therapiesituation ver-

schiedene Sachen so einleuchten, so selbstverständlich sind, die man später... wenn man sozusagen wieder auf den Beinen ist, nicht mehr selbstverständlich als kausal ansieht. Es kann natürlich sein, daß man mit dem die ganze Therapie abwertet, daß man das so nicht wahrhaben will...

Th: Kannst du sagen, daß diese Rückführung irgendeinen Einfluß – positiv oder negativ – auf dein Leben, auf bestimmte Entscheidungen gehabt hat?

P1: So klar und eindeutig nicht.

Th: Du hast damals gesagt, daß die Angst vor dem Tod verschwunden sei. Ist sie wiedergekommen?

P1: Nein, ich beschäftige mich sehr viel mit dem Tod, geh' viel auf Friedhöfe. Daß das mit der Situation damals (der Rückführung) zusammenhängt, kann ich nicht sagen. Ist schon zu lange her.

Th: Wie siehst du heute das Sprechen verschiedener Sprachen (während der Rückführung)?

P1: Die Reinkarnationsvertreter nehmen da verschiedene Leben mit verschiedenen Sprachen an. Für mich ist das wieder innerhalb dieses einen Lebens.

Th: Ein Afrikaforscher sagte (als ich ihm diese „Sprachprobe" aus der Rückführung, wo sich P1 in Afrika erlebte, vorspielte), daß es möglicherweise ein Dialekt aus Nigeria sei.

P1: Auch das noch. Da habe ich mich einmal sehr eingesetzt für Biafra... ein Stamm innerhalb von Nigeria... Biafra wollte einen eigenen Staat haben. Die Zentralregierung hat damals von den Engländern Waffen bekommen, mit denen sie diesen Aufstand niedergeschlagen haben. Da haben ich und andere Theologen und andere Studenten der englischen Königin ein Schild zeigen wollen: Keine Waffen für Nigeria!... Das war 1968 in Innsbruck (während des Theologiestudiums).

Th: Könnte es sein, daß du Partei für Biafra ergriffen hast, weil du schon einmal dort gewesen bist?

P1: Ich könnte es auch so erklären, daß ich mich allgemein für Minderheiten einsetze. Ich könnte immer weiterfragen, warum ich das tue...

Th: Würdest du eine Rückführung empfehlen oder ablehnen heute?

P1: Ich täte es schon empfehlen, weil jede Erfahrung, die man macht: man kann auf etwas draufkommen. Es könnte sein, daß man das (die Rückführung) fortsetzen hätte sollen, das wäre auch denkbar.

Th: Hättest du Lust, das heute fortzusetzen?

P1: Im Augenblick kann ich mir nichts vorstellen, als auf meiner Baustelle zu arbeiten (P1 renoviert gerade das Haus seiner Frau)... ich bin ganz fixiert da drinnen, daß ich jetzt nichts anderes machen könnte.

2. Protokoll

Geschrieben von P2 in Erinnerung an seine Evolutionstherapie.

1. Sitzung am 22. 2. 1980

Sehr schwache Bilder, starkes Dominieren von Gefühlen.

Geburtsszene: Vor der Geburt Gefühl von Geborgenheit und Wärme im Mutterleib, dann Wellenbewegungen bemerkbar und dann beginnender Druck an Kopf, Stirn, Hinterkopf, stärker werdend mit gleichzeitigem Sträuben, nicht hinauszuwollen. Die unangenehmsten Gefühle waren im Hals und Bauchbereich. Wurde mehrmals wiederholt. Es war ein starker Widerstand vorhanden auch danach, die Umwelt, Zimmer, Mutter usw. zu sehen, daher nur sehr verschwommene Bilder.
Zeugung: Bilder waren etwas klarer. Wurde von einem Strudel angesogen. Zuvor angenehmes Gefühl von Freiheit, Leichtigkeit. Dann wollte ich nicht in die Materie, wurde aber innerlich genötigt und äußerlich angezogen. Weigerung, den Zeugungsakt anzusehen, nur lose Verbindung zur Mutter.
Kurz gesagt, ich habe mich gesträubt, von der geistigen Welt in den Mutterschoß, ins Menschenleben zu treten. Ich wollte nicht aus dem Mutterschoß und wollte auch dann nach der Geburt von der Welt nichts sehen.

2. Sitzung am 23. 2. 1980

Zuerst wieder Geburt und Zeugung. Dieses Mal weniger Widerstand. Dann Probleme während der Zeit der Schwangerschaft, Geschlechtsverkehr, starke Aggressionen gegen Mann und Angstzustände, Arzt muß Mutter retten: Blutungen, Angstzustände usw.
Dann auf einmal folgende Situation: Reiter überfallen ein Dorf, zünden es an. Einer vergewaltigt meine damalige Mutter, die mich in ihrem Schoß trägt. Danach stößt er ihr einen Dolch durch den Bauch und tötet mich gleichzeitig damit. Schwebe als Seele noch kurze Zeit über dem Mörder.

Schlachtfeld: Ich bin der Anführer einer Truppe. Wir sind auf Pferden und tragen links ein Schild und in der rechten Hand eine lange Lanze, Speer. Wir reiten gegen den Feind. Ich stoße einem die Lanze in den Hals und kurz danach stößt mir einer die seine von rechts in den Bauch. Ich stürze vom Pferd und breche mir das Genick.
Ich sitze als Asket vor einer Hütte und habe vor mir eine Schale, in welche Leute Speiseabfälle legen. Mir graust davor. Ich bin ganz dürr und ungefähr 60 Jahre alt. Es kriecht eine Schlange in die Schale und beißt mir dann in den Hals. Ich sterbe, Raum Indien.
Süden, Meer, Steilküste: Ich treffe mich mit einem Mädchen, junge Frau. Ich bin selber sehr kräftig und blond. Wir schlafen in einer Hütte miteinander. Dann kommt ein Mann herein und sticht mir einen spitzen großen Stein durch den Bauch. Ich verblute. Er wirft meinen Leichnam über die Felsen ins Meer.

3. Sitzung am 24. 2. 1980

Beginn: Situation vor der Ermordung mit dem Stein. Ich bin Fischer, helfe dieser jungen Frau, die gleich alt ist, öfter, wenn ihr Mann weg ist. Wir verlieben uns. Es wird in einer Kneipe darüber gemunkelt. Ich komme in eine Schlägerei mit ihrem Mann. Ich besiege ihn und danach gehe ich zu ihr. Wir schlafen zusammen. Da kommt ihr Mann, tötet mich, schlägt sie und wirft mich ins Meer.
Lagerfeuer, hünenhafte Gestalten, kaum bekleidet: Ich nehm' eine Frau von hinten. Es gibt hier keine engen Familienbeziehungen. Der Stärkste kann mit jeder Frau schlafen. Es kommt zu einem Zweikampf. Wir schlagen uns zuerst mit Prügeln. Dann werfe ich ihm einen Felsbrocken auf Bauch und Brust. Er stirbt. Danach nehme ich wieder eine Frau, reiße mir ein Stück vom Schenkel ab und brate es über dem Feuer und esse es.
Urwald, Affen, Negerdorf. Ich bin Neger. Ich nehme eine Frau von hinten. Wie ich mich umdrehe, schleudert mir jemand einen Stein an den Bauch. Er wird von mir erwürgt.
Herrscher in Ägypten: Ich habe mehrere Frauen. Einer der engsten Vertrauten hat eine Beziehung zu einer meiner Frauen. Ich lasse ihn auspeitschen und ihm zwei Schnitte ins Gesicht machen. Er stößt einen Fluch aus. Daraufhin lasse ich ihn köpfen und im Sand verscharren.
Dann Situationen von früher: Schulungen durch Priester, richtige Quälerei, Auflehnung gegen den ganzen Götterkult. Dann wieder Si-

tuation als Herrscher. Bei einem Gastmahl werde ich beim Essen von einer Frau, die ein Verhältnis mit dem Ermordeten hatte, vergiftet. Mein Körper wird einbalsamiert und in eine Grabkammer gebracht und drei Frauen lebend mit. Ob sie auch beerdigt werden oder nur lange Zeit Wache halten, weiß ich nicht. Name und Details aus der Schulung etc. dürfen nicht ausgesprochen werden.
Wolfähnliches Tier. Ich fresse eine große giftige Maus und gehe zugrunde. Ein Tier, ähnlich einem Pferd, aber mit Horn, durchbohrt mich im Bauch. Nach kurzer Zeit als Bär gehe ich zugrunde. Bin ein Wolf. Fresse an einem Tier. Andere wollen es mir streitig machen. Wir kämpfen. Ich beiße einem in die Kehle und falle rücklings. Ein Tier reißt mir den Bauch auf.
Vogel. Ich stoße zum Wasser hinunter und hole einen großen Fisch. Er bleibt mir im Hals stecken. Ich ersticke.
Fisch. Ich schlitze mir den Bauch auf. Andere Fische kommen und fressen mich an.
Hasenähnliches Tier. Vulkanausbruch. Ich werde von einem glühenden Gesteinsbrocken seitlich getroffen.
Großer Vogel. Sturm. Ich zerschelle an der Klippe.
Große Riesenechse. Der Boden gibt nach, ich stürze. Ein Felsbrocken fällt auf mich.
Großes, raupenähnliches Tier, welches im Wasser und am Land leben kann. Ich werde von einem Fisch gefressen.

4. Sitzung am 25. 2. 1980

Ich sehe einen großen, mir unbekannten Baum, nahe dem Meer. Hohe Woge, Sturm bricht mich entzwei. Schmerz.
Ich bin ein Felsenriff (ein Teil davon). Aufgrund von starkem Seegang breche ich ab und muß weg vom Sonnenlicht in die finsteren Tiefen.
Ich scheine ein Geistwesen zu sein und mit den Wolken, anderen Geistwesen, leicht und spielend dahinzuschweben. Plötzlich wird das Gefühl schwer. Blitze zucken und ich werde mit Regen zur Erde gebracht. Schmerz über den Verlust der Freiheit und Leichtigkeit.
Ich bin eine sehr große und lichte Gestalt. Ich sitze vor einer sehr hellen Lichtquelle. Unbeschreibliches Gefühl von Liebe, Geborgenheit. Kurzer Schmerz im Kopfbereich. Meine Aufmerksamkeit geht mehr auf mich über, Machtgefühl im Bauchbereich. Gleichzeitig werde ich zunehmend kleiner und weniger licht.

Dann Bildsprung: Ich sehe einen materiellen Planeten von oben und sträube mich, in die Materie zu gehen.
Dann sehe ich einen Rücken, der gepeitscht wird. Beginn der Situation. Ich bin sehr groß (vielleicht dreimal so groß oder noch größer). Ich gehe mit einer sehr schönen, ebenfalls großen Frau durch ein Ährenfeld. Sowohl die Körper haben herrlichen Glanz als auch die gesamte Umgebung ist in ein goldenes Licht getaucht. Ich bin sie und sie ist ich. Wir schreiten der Sonne entgegen. Ein Gefühl sehr großer Liebe und Einheit. Bewußtseinsmäßig nehme ich kurz Dämonen wahr, die wieder verschwinden. Wir brauchen nicht zu sprechen. Aber ich fühle, wir wollen uns auch körperlich vereinigen. Wir setzen uns unter einen Baum und entkleiden beide den Oberkörper. Ich habe noch nie einen so schönen, reinen und fraulichen Körper gesehen. Dann halten wir uns die Hände und schauen uns in die Augen. Von meinem Herzen zu ihrem Herzen und umgekehrt entsteht ein unbeschreiblich schönes Gefühl, ein inniges Band. Gefühl, Schöpfer zu sein. Alles ist unbeschreibbar. Da wir aber noch nicht das vom Gesetz vorgeschriebene Alter haben (ich 35 und sie 25) werden wir bestraft dadurch, daß wir nicht zusammen dürfen.
Bild mit der Auspeitschung, das anfangs da war und verdrängt wurde, da Christusfigur und nicht ich.
Nächstes Bild: Sie fährt auf einem goldenen Wagen. Die Achse bricht, sie fällt nach hinten und bricht sich das Genick. Ich trete auf das hin in den Dienst des Tempels und werde Priester. Einige Szenen.
Später bin ich 35 Jahre alt. Es ist meine Aufgabe, Ehen zu schließen, die jungen Leute zu verheiraten. Ich empfinde eine leichte Wehmut dabei und bin bei meiner Dualseele mit Gedanken und im Herzen.
Später: Der Tempel erzittert, die Säulen stürzen, die Erde bebt. Ich begebe mich ins Freie. Das Meer tobt. Die Sonne ist blutig rot. Ich werfe mich auf die Knie und bete zu den Göttern. Ich habe das Gefühl, als ob ein Zeitalter zu Ende ginge. Ich spüre einen Stich im Herzen. Irgendeine dunkle Gestalt, Wesenheit, die nicht die klare, sonnige Ausstrahlung hatte, hat mich getötet und mir den Schmuck geraubt (Der neue Zeitgeist). Es war ein göttliches Zeitalter.
Ich stehe vor dem Thron einer wunderschönen Prinzessin. Wir schauen uns beide in die Augen und unser Herz erzittert. Es ist eine Rasse, die jetzt ähnlich ist der asiatischen. Ich bin Priester und bekomme die Prinzessin vom Herrscher als Schülerin in den Tempel. Seelisch und geistig ist eine tiefe Einheit vorhanden. Eines Tages er-

kläre ich ihr die Bedeutung des Unendlichkeitszeichens. Ich sage ihr, wenn die Dualseelen zusammenkommen und sich berühren und eins sind, dann wird daraus die Unendlichkeit, das Paradies, das ewige Glück. Daraufhin küßt sie mich. Es wird von einem Priester bemerkt. Nach einiger Zeit übergebe ich die Prinzessin wieder dem Herrscher. Ich werde strafversetzt in einen anderen Tempel, so glaube ich. Dort jedoch werde ich auf einem Gottesaltar vor einer großen Flamme geköpft.
Bild einer Nonne, die geköpft wird. Zurückgehen in frühere Situation. Ich war befreundet mit ihr. Sie wollte schon damals ins Kloster. Nach einigem Widerstreben schlief sie mit mir. Sie ging aber trotzdem ins Kloster. Ich wurde Mönch. Aufgrund von Äußerungen gegen das Papsttum wurde sie geköpft; und etwas später auch ich.
Danach Szenen aus dem Zwischenreich. Mehr transparente Körper. Kein Gehen, sondern fast Schweben.

5. Sitzung am 26. 2. 1980

Szene bei Menschenfressern. Ich erlegte mit meiner damaligen Gefährtin einen Menschen.
Bild von Südseeinseln. Zuerst Tanzveranstaltung. Frauen tragen Blumen in den Haaren, an den Kleidern. Ich verliebte mich in eine sehr lebensfrohe, heitere Frau. Dann Hochzeitsszenen und später Spielen am Strand. Sie geht ins Wasser, ich werfe ihr etwas zu. Sie wird von einem Meerestier getötet. Später fahre ich zu einer Insel und werde von einem Tiger oder Löwen angefallen. Ich sterbe.
Hochzeitsszene im asiatischen Raum. Sehr schön. Ich sehe meine Frau zum ersten Mal. Wir wurden verheiratet. Eine Art Großfamilie. Ich hatte wenig Beziehung zu meiner Frau und den Kindern.
Ägypten. Zuerst ein Gefährt, das von Löwen gezogen wird, und andere Szenen. Dann gebiert mir meine Frau ein Kind und stirbt dabei. Ich stehe wie eine Statue daneben.
Römer. Ich bin verliebt in eine blonde blauäugige Frau. Ihre Eltern verweigern mir die Hand. Als ein Aufstand in diesem Gebiet ist, nehme ich sie einfach mit. Große Liebe und tiefes Verstehen. Ich werde in den Tempel vor einen Priester gerufen und dort wurde mir gesagt, daß ich in meinem Rang nicht mit einer Ausländerin zusammenleben sollte, sondern mit einer Römerin. Ich schicke sie auf einen Landsitz. Dort gebiert sie mir einen Knaben. Ich heirate die dunkel-

haarige Römerin. Habe kaum einen Bezug zu ihr. Herzensmäßig bin ich an die andere gebunden.
Später sterbe ich an Fieber und laß vorher noch für meine erste Frau und den Sohn sorgen.
Kamele, Wüste, Oasen etc. Ich steige ab und gehe in mein Haus. Ich habe 5 Frauen, die ich alle recht gern mag. Ich bin aber unbefriedigt, da sie mich von geistigen Dingen abbringen und ich immer wieder schwach werde.

6. Sitzung am 27. 2. 1980

Wir reiten zu dritt auf Pferden. Mein Pferd scheut und wirft mich vom Sattel. Ich falle auf den Rücken und habe seit dort mein Leben lang Beschwerden.
Ich bin verliebt in ein Mädchen. Doch die Eltern von ihr wollen lieber einen Reicheren. Dieser wird von mir umgebracht, indem ich ihm das Kreuz breche.
Ich bin dabei, wie irgend jemand gegeißelt wird. Da er so sanft und gütig ausschaut, schlage ich auch kräftig zu, weil ich zornig werde.
Dann später Szene, wie Verbrecher geschlagen werden und wie ich ihnen die Rippen breche und sie ans Kreuz gehängt werden.
Sklavenschiff. Ich bin Aufseher und treibe sie mit Hieben an.
Asiatischer Raum. Ich bin Priester und mache für meinen Gott ein grausiges Ritual. Eine junge Frau muß sich auf den Altar legen. Sie wird von mir von hinten genommen. Sie wird durch Getränk betäubt. Dann schneide ich Kopf usw. ab und werfe die einzelnen Teile samt Blumen etc. ins Feuer. Bei einer hole ich die Wirbelsäule heraus und vollführe einen sonderbaren Tanz; und dann dasselbe wie bei der ersten.

3. Protokoll

Evolutionstherapie mit P(atientin) 3. – 1. bis 4. Sitzung und 6. Sitzung von P 3 aus der Erinnerung aufgezeichnet; 5. Sitzung von mir vom Tonband abgeschrieben, da die Aufzeichnung der P3 verloren ging.

1. Sitzung am 31. 3. 1980

Durch ein Gewirr von spinnenähnlichen Fäden hindurch komme ich zur Vorstellung einer Wiese: An einer Seite begrenzt von einem niedrigen Lattenzaun, halbhohes Gras mit Margeriten, halb Sonne, halb Schatten. Die Wiese ist eher klein, mit Hügeln umgeben. Auf einem davon steht ein kleines Blockhaus. Am Ende ist ein dichter, dunkler Wald. Ich finde keinen Platz auf dieser Wiese, wo ich mich gemütlich hinlegen könnte. Zuerst versuche ich es im Eck beim Zaun, aber es geht immer abwärts. Ich muß mich zwingen, zu diesem Wald zu gelangen. Schließlich gehe ich auf dem erdigen, festgetretenen Weg hinauf, denn der Wald liegt höher. Auch hier scheine ich keinen Platz zu finden. Zwischen zwei Bäumen lege ich mich endlich ausgestreckt nieder und schaue ins Weite, denn es hindern mich keine Bäume daran. Die Zeit wird belanglos.
Ich gelange zum Zeitpunkt der Geburt und bin im Bauch meiner Mutter. Es zieht mich an den Füßen, und ich will hinaus. Ich sehe gleichzeitig, was draußen ist: Alle Ärzte und Schwestern stehen herum und schauen nur auf den Unterleib meiner Mutter. Ober mir wölbt sich der Bauch. Er ist eigentlich viel zu groß für mich. Dafür ist die Scheide aber sehr eng und ich rutsche nur stückweise auf quälende Weise durch. Die Enge der Scheide drückt auf meinen Unterleib, auf den Bauch, und ich stecke eine Zeit lang. Niemand hilft mir. Ich rutsche endlich weiter bis zum Hals, und es scheint mir die Luft zu wenig zu werden. Ich fuchtle mit den Händen in den leeren Bauchraum, und irgendwie gelangen diese nach außen. Ich habe nun das Gefühl, meinen Kopf weit nach hinten stecken zu müssen, denn er ist viel zu groß für die Enge der Scheide. Oder es müßte mir der vordere Teil meines Gesichtes abfallen.

Ich will nicht nach draußen und ich will auch nicht drinnen bleiben, denn der Boden der Gebärmutter ist knochig und hart. Schließlich liege ich draußen und bleibe auch liegen, denn niemand rührt sich, um etwas zu tun. Auch meine Mutter nicht. Am Ende der Schwestern- und

Ärztereihe steht eine ältere, dunkelhaarige, dickere Frau. Sie überlegt, ob sie mich baden soll. Inzwischen verändert sich etwas mit meinem Leib. Er wird länglich und unförmig, teilweise durchschimmernd. Meine Füße verrinnen. Die Frau nimmt mich und gibt ihre Hände unter meinen Hals und den Popo. Sie setzt mich in eine Blechbadewanne. Das Wasser ist warm. Aber ich habe zu wenig Platz und muß sitzen. Ich mag das Blech nicht! Auf einmal sind alle weg. Auch meine Mutter. Ich sitze alleine in dem altmodischen, düsteren Zimmer mit verschiedenen Blechgeräten. Ich bin alleine und tue nichts.

Die Frau kommt wieder, hebt mich heraus und trägt mich zu einer Tür, hinter der die Babybetten sind, alle aus Holz, wie Kisten. Aber ich bin zu groß, denn mein Körper wird immer länger, dünner.

Und ich bin kein richtiges Baby, das man auf dem Arm tragen kann. Sie findet auch kein Bett für mich. Ich möchte sie kratzen und beißen, denn sie will weg zur anderen Frau hinaus, hinter der eine Wiese ist. Ich entgleite ihr nun und liege als Masse unförmig am Boden. Es hilft niemand und ich helfe mir nicht selber. Ich spüre nur Unvermögen und Kraftlosigkeit.

Beim zweiten Mal, 5 Minuten vor der Geburt, liege ich quer mit dem Steißbein im Bauch. Beim Verlassen versuche ich, mit den Händen die Scheide zu dehnen. Es gelingt mir, mit geringerem Schmerz, den Kopf durchzubringen. Ich denke und fühle dabei, daß ich ja dünn genug bin und leichter durchkommen müßte. Ich liege in knieender Stellung vor meiner Mutter und suche ihren Blick, aber sie tut nichts.
Im Schlafzimmer meiner Eltern stehen die Betten getrennt an der Wand entlang. Auf einem davon liegt im Eck meine Mutter in zurückgezogener Haltung ganz nackt. Mein Vater kniet vor ihr, sein Glied ist steif. Er will in sie eindringen, doch seine Gefühle und Bedürfnisse werden nicht erwidert, im Gegenteil, abgeschoben. Letztlich läßt meine Mutter den Geschlechtsakt steif und wie eine gekränkte, überredete Frau über sich ergehen. Nachher sitzt sie wieder im Eck des Bettes und redet über die Hoffnung, daß kein Kind werde. Mein Vater versucht, sie zu beschwichtigen. Er wirkt warm, dunkel und ruhig. Ich weiß nicht, als was ich diesen Vorgang beobachten konnte. Ich glaube nur, aus einer Ecke des Zimmers.

Ich bin im Bauchraum meiner Mutter und hänge als Strick, der vorher ein schwarzer Punkt war, neben bzw. in der Nähe der anderen weißen Punkte, die größer sind. Ich schaue zu ihnen und möchte dabei sein. Sie sind munter bewegt, zusammengedrängt und haben es fein. Wenn ich hinüberkommen wollte, müßte ich eine Energie aufwenden, die ich zwar in mir weiß, die ich aber nicht aufbringe. So schaue ich nur hinüber und träume davon, der größte Punkt in der Mitte zu sein. Denn der hat es am feinsten und unterhaltsamsten. Ich möchte, daß sich alle anderen um mich scharen! Aber ich gleite dann durch eine Röhre in den Boden der Gebärmutter und komme durch eine ringförmige Öffnung wieder heraus. Der Boden ist unförmig, holprig und mit Erhöhungen und Vertiefungen ausgebettet. Ich suche mir eine Vertiefung, grabe mich hinein und schaue gesichert heraus. Es ist ein feiner, sicherer Platz.

Zur Abtreibung weiß ich aus Erzählungen meiner Mutter, daß sie wegen Pigmentmangel in der Schwangerschaft keine Behandlung vornehmen ließ, da ich sonst getötet worden wäre.

Im Bild sehe ich nur noch einen gefällten Baum, auf dem mein Großvater steht und meine wütend schreiende und gestikulierende Mutter entweder hinuntergestoßen hat oder sie nicht zu sich heraufholt. Er hat einen sadistischen, hassenden Ausdruck, den er aber sonst sorgsam verbirgt.

2. Sitzung mit P3 am 1. 4. 1980

(Pränatal:) Ich kehre zurück zur Situation, als meine Mutter mit ihrem Vater im Wald spazierengeht. Sie sind noch immer im selben Teil wie gestern. Sie versucht, etwas zu erklären, einen Rat zu bekommen. Er hört nur zu und geht, mit den Händen auf dem Rücken, daneben her. Sie will nur ihm davon erzählen, was der Arzt wegen ihres Pigmentmangels gesagt hat. Einerseits will sie es nur so erzählen, daß es den Anschein erweckt, sie wolle die Behandlung nicht, wenn das Kind dabei stirbt, zugleich aber möchte sie mit dem Erzählen die Frage erwägen, ob es nicht ein legaler Weg wäre, das Kind loszuwerden. Mein Großvater hilft ihr nicht, und das Vertrauen, in das sie ihn zieht, nimmt er nicht an. Er sagt ihr, daß sie das Kind bekommen müsse. Sie geraten in eine Auseinandersetzung, in der meine Mutter immer wieder beteuert, sie hätte die Behandlung ohnehin nie genommen. Sie gehen über einen gefällten Baum, über eine Grube. Er versucht, sie zu stoßen. Sie sagt, er ist gemein und sadistisch und war nie ein rechter Vater. Um den Angriffen auszuweichen, springt sie in die Grube. Und ich spüre ihre Abwehr und ihre Unfähigkiet und den Unwillen, zu mir Kontakt aufzunehmen. Er geht in den Wald, und sie geht in die entgegengesetzte Richtung. Sie mußte sich anstrengen, aus der Grube herauszukommen. Ihr Mantel ist schmutzig, und sie ist alleine und traurig.

(Ich habe in der letzten Zeit Schmerzen beim Tiefatmen auf dem Brustbein:) Im Rückblenden kann ich etwas Spitzförmiges erkennen: Es ist das Ende einer Lanze mit einem auf die Spitze gestellten viereckigen Ende. Die Spitze berührt die Brust bzw. das Brustbein. Ich liege auf dem Boden und über mir, der die Lanze hält, ist ein Reiter. Ich bewege nur wild die Arme, die Beine. Der Reiter verletzt mich noch nicht. Ich bin nämlich von einem Schloß und arbeite als Diener. Ich bin jung, vielleicht 20 Jahre. Es ist dort ein Fest, das eine Gräfin gibt. Ich schleiche gerade aus einer Kammer, wo ich einen Ring mit blauem Stein und silberner Kunstfassung entwendet habe. Ich wurde von einem dazu angestellt, der draußen vor dem Erker geduckt wartet. Es hat irgend etwas mit politischen Dingen zu tun. Von der Seite kommt plötzlich derselbe Ritter im Harnisch auf den Gang. Ich stehe in gebeugter Haltung und verstecke den Ring in meiner Hand. Er sagt: „Ach, so einer bist du also!“ Ich weiß, daß er nicht hineingehen wird, um es allen zu sagen. Er wird die Situation für sich ausnützen. „Irgendwie muß ich an ihm vorbei!“, denke ich mir, und es gelingt mir auch, durch das große, eiserne Tor in den Garten zu gelangen. Ich will weglaufen. Vor mir liegt die große, weite Fläche, auf deren Boden das Schloß steht. Erst weiter hinten wäre der Wald. Und es wird mir kaum gelingen, dorthin zu laufen. Hinter dem Erker wartet der ältere Dicke auf den Ring. Aber zu dem komme ich auch nicht. Der Reiter taucht wieder auf und drängt mich vom Pferd aus an die Wand, indem er mir die Lanze vorhält. Es liegt ihm nichts daran, mich zu verraten, aber er erpreßt mich, ich müsse etwas für ihn tun. Was, sagt er allerdings nicht.

In meiner Bodenkammer habe ich eine Holztruhe stehen, in der meine Schätze sind: alte Bücher, gesammelte Dinge, auch ein blauer Stein dürfte darunter sein. Ich bin nämlich nur nach außen ein „kleiner Diener". Aber innen in mir weiß ich um viele Dinge des Lebens, die mich auf meine Art reich machen; wovon die anderen nichts wissen, denn sie haben keinen Zugang zu meiner Lebensform.

Der Dicke kommt über die Holztreppen zu meiner Kammer. Er packt mich am Sakko und fragt nach dem Ring. Er glaubt, ich wolle ihn unterschlagen. Dabei habe ich ihn nur in meine Tasche gesteckt. Er sagt, ich hätte noch einmal Glück gehabt, er warte nicht gerne so lange. Er trägt ein juteähnliches Kleid mit einem Riemen um den Bauch und einen Filzhut, mit dem er zur Tür hinausgeht. Ich sitze im Schneidersitz vor meiner Kiste und bin traurig, daß er auch nicht meine „Wellenlänge" hat, daß ich niemanden kenne, dem ich meine Schätze zeigen kann.

Ich stehe im Wald auf einem Schlag, und erst hinter mir beginnen wieder Bäume. Es ist düster und lehne gefesselt am Baum. Der Ritter mit einer Schar Männer auf Pferden und in der Hand die Lanze, stehen in einem Halbkreis vor mir. Er zeigt auf mich und sagt: „Schaut euch den an, der ist es also!" Er wird ihnen schon alles erzählt haben. Er sagt weiter: „Wenn er schon solche Dinge macht, könnten wir ihn als Ball zwischen uns und dem Schloß gebrauchen." Ein Alter aus der Mitte meint, das sei die Mühe doch nicht wert. Er solle mich laufen lassen. Aber der Ritter gibt sich damit nicht ab. Er sticht die Spitze seiner Lanze auf mein Brustbein, wo er mir vorher wahrscheinlich das Hemd aufriß und fragt, ob ich spüren wolle, wie hart so eine Lanze sei. Er lacht komisch dabei. Aber noch fürchte ich mich nicht, denn ich denke immer, daß die alle einfach so dumm seien und daß ich Dinge weiß, die sie nie erfahren werden, denn sie haben zu den unaussprechlichen Dingen keinen Zugang.

Er reitet jetzt mit allen rund um den Baum und wirft die Lanze von weitem in den hinteren Teil des Stammes, um mich einzuschüchtern. Ich habe Angst, daß er meinen Kopf treffen könnte. Nun kommen sie auf der anderen Seite heraus, und der Reiter kommt mit seiner Lanze näher. Ich bin nun nackt, denn mein Hemd und das schwarze Sakko sind weg. Nur meine Hose trage ich noch. Er kommt mit erhobener Lanze langsam näher. Ich höre das Brechen der Knochen, wie er die Lanze hineinbohrt. Das Blut spritzt. Ich sinke zusammen und es fällt mir Christus ein, wie er am Kreuz in sich zusammensank.

Die Reiter sind weg. Ich schaue ihnen nach, wie sie über das niedrige, grünbraune Gras dem Wald zureiten. Es wird dämmrig und kalt. Ich spüre die harten Wurzeln unter mir und den Boden. Niemand kommt. Über mir schwebt das Bild, wie ich in einer Turmstube liege, in einem weichen Bett. Eine ältere, dicke Frau bringt mir warme Socken. Auch gießt sie Warmes in meine Wunde, aus der das Blut tropft. Aber ich bleibe hier liegen. Ich weiß, daß ich lang und dünn bin und eine unbehaarte Brust habe.

Auf einem Marktplatz drängt viel Volk. Es ist laut. Ich gehöre zu einer Wandertruppe und führe ein Kunststück vor: Ein Metallstab mit einer viereckigen Deckplatte dient dazu, daß ich mich am Brustbein darauf stütze und in der Luft bin. Einige klatschen. Meine Freunde oder Begleiter sitzen auf dem Wagen, den wir auf der Reise haben, und in dem wir wohnen. Sie freuen sich mit mir. Ich fühle, daß sie mich mögen. Ich bin wieder einer, der mehr weiß vom Leben als alle anderen um mich herum. Ich ziehe auch immer herum. Wo es mir gefällt, bleibe ich. Oder sonst nehme ich meinen Beutel und gehe weiter. Ich sehe viel und nehme gefühlsmäßig viel mit, aber ich gehöre nirgends hin.

Ich bin wieder als Bub auf einem hohen Felsen. Es ist darunter eine Schlucht. Ich habe mich aus einer Felsspalte zwängen müssen: Dort war ich einige Zeit versteckt, denn einige Reiter suchten mich. Ich fühle mich nicht schuldig. Ich bin eben einer, der anders denkt und anders handelt und damit verdächtig wird. Einige Tage blieb ich von der Stadt entfernt in dieser Spalte. Beim Herauszwängen drückte mich ein Stein auf die Brust. Überhaupt spürte ich die Steine, denn ich bin nackt bis auf einen kleinen Lendenschurz. Ich schaue über die Felsspalte und höre, daß sie es aufgegeben haben, mich zu suchen. Mit einem runden Käppchen und seidigen, langen Kleidern verlasse ich die Stadt. Am Ende sind Häuser, in die ich hineinmöchte. Aber ich gehöre zu niemandem, und es tut mir weh. Jetzt beginnt wieder der schottrige Weg, der aus der Stadt hinausführt.

Ein großer Stein liegt auf meiner Brust: Ich gehe mit einem Pferd durch die Wüste. Ich bin ein sehr junger, dünner Bub, und nicht sehr klug. Es wurde mir der Auftrag gegeben, dieses Pferd irgendwohin zu bringen. Ich gehe über die heißen Steine, trage nur einen Lendenschurz und reite das Pferd nicht. Ich kann es nicht. Wir gehen über eine Brücke aus Stein. Daneben ist etwas abwärts ein ausgetrocknetes Wasserloch. Darüber ist ein hoher, steiniger Berg mit Kakteen. Ich lasse das Pferd stehen und will schauen, ob doch noch Wasser da ist. Es ist keines. Und da rauscht es plötzlich. Steine rollen über den Hang auf mich zu.Einer der großen hält neben mir und ein zweiter springt daran ab, auf meine Brust oder am Kopf vorbei. (Es ist mir noch nicht klar, was wirklich geschah). Er stößt mich um und ich spüre die schwere Last. Ich liege schlecht auf den Steinen. Sie sind heiß, und der Kopf schmerzt. Ich versuche, den Stein wegzuschieben. Er rollt mir über die Brust und an dieser Stelle fällt mir ein, daß ich deshalb einen so kleinen Busen habe. Der Stein ist endlich weg. Ich stehe auf und wandere mit dem Pferd weiter, entlang dieses Berges oder Hügelkette. Ich habe Angst, es könnten erneut Steine herunterrollen. Ich denke, daß ich reiten lernen muß. Aber ich habe Angst, ich könnte vom Pferd fallen, wenn es schnell läuft.

Mir ist schlecht und der Kopf, glaube ich, tut mir weh. In dieser Übelkeit muß ich an einen Fruchtbrei denken, den ich nicht essen will: Ich bin auf einem Baum in einem warmen, sehr warmen Land und sammle Früchte.

Ich bin wieder ein junger, halbwüchsiger Bub. Andere stehen unten, und denen werfe ich Früchte zu. Ich turne herum. Die Buben rufen, daß wir nun genug Früchte hätten. Wir tragen sie zu einem Holzhaus, das etwas erhöht steht, damit kein Wasser eindringen kann. Es ist ein Pfahlbau. Wir Buben sind nackt und mit dunkler Haut. In der Hütte ist eine Feuerstelle. Einige dicke Köchinnen mit bunten Tüchern um Leib und Kopf warten auf unsere Bananen. Ich stehe bei einer Fensteröffnung, etwas abseits von den anderen. Ich schaue zu, wie sie die Bananen schälen und zwischen den dicken Fingern zerpressen. Es ekelt mich, wenn ich dran denke, daß wir das essen sollen. Ich fordere die Buben auf, mit mir hinauszulaufen. Wir holen uns Lanzen, treten uns einen freien Platz und werfen um die Wette. Aus der Hütte ertönt ein Klang: Es heißt, daß alle kommen müssen. Aus allen anderen Hütten kommen Frauen mit weißen Schüsseln. Vor unserer Hütte setzen sich alle im Kreis herum, auch ich mit den Buben. In der Mitte ist eine Feuerstelle mit einem Kessel darüber. Von dem holt sich jeder. Ich mag nicht essen. Aber ich muß. Das gehört zum Fest. Und ich bin zu jung, um sagen zu können, daß ich es für unsinnig halte. Es kommt alles zu seiner Zeit. Und noch stehe ich in der Anerkennung aller, in der Erwartung, daß etwas aus mir wird.

3. Sitzung am 2. 4. 1980

Ich sehe mich diesmal als Frau in einem Zimmer in einem Schloß: Ich bin dort die Zofin der Herrin. Ihr Mann gefällt mir. Er ist dunkel, mit einem Bart. Ich weiß, daß auch ich ihm gefalle. Ich bin deshalb ins Schlafzimmer, denn ich vermutete, daß er hier sei. Ich kam durch die Hintertür. Ich weiß nicht, wie ich aufs Bett kam. Aber ich sitze jetzt ihm gegenüber. Er will mit mir schlafen. Er reißt mich an der linken Brust. Es tut mir weh. Und ich will nicht mehr. Er will nur seine Gier befriedigen. Aber für dieses eine Mal ist es mir zu riskant. Ich könnte nur, wenn es als Vertraulichkeit und Geheimnis zwischen uns bleibt. Ich rücke zurück in die Ecke des Bettes, und er mir nach, bis er mich herunterzieht und über meinen Hals gebeugt ist. Ich hoffe, daß er mich nicht beißt. Er macht es auch nicht. Aber seine Gier stößt mich ab. Ich packe ihn an den Schultern, stemme die Füße gegen seinen Bauch und stoße ihn zurück. Er fällt mit dem Genick auf die Kante der Holzwand, die den unteren Teil des Bettes begrenzt. Er bleibt liegen. Ich erschrecke, werde weiß und stehe auf, um zu ihm zu gehen. Er blutet. Ich nehme ihn ins Bett, wickle ein Laken um seinen Hals, daß das Blut aufhöre. Ich setze mich neben ihn und fühle mich nun stärker, denn ich habe gezeigt, daß ich auch Kraft habe, daß er nun meine Zärtlichkeit annehmen muß.

Zum Schloß gehört auch ein Turm. Dorthin gehe ich öfters. Diesmal verfolgt mich aber ein Mann. Ich gehe öfters in den umliegenden Wald zu einer alten Frau. Sie zeigt mir „Schätze", die die Natur ihr gibt und viele Dinge, die sie sammelt. Sie kocht in einem Kupferkessel einige Kräuter und zeigt mir dies. Aus dem Wald zwischen den Bäumen reitet der Bote des Schlosses. Er sieht mich in dem Haus, denn er schaut zum Fenster herein. Ich weiß, daß er mich nicht sehen soll, denn viele sagen, diese Alte sei eine Hexe.

Ich laufe hinaus, daß er nicht hereinkommt und alles zusammenschlägt. Er reitet mir nach und während er an der Mauer das Pferd anbindet, laufe ich zum Turm, durch die kleine Tür hinauf in das kleine Zimmer. Er kommt nach und ist wütend, seine Augen blitzen und er sagt, ich sei falsch. Denn diese Hexe gäbe mir sicher Gift, das ich dann in das Essen im Schloß mische. Ich wundere mich, denn an so etwas habe ich nie gedacht. Er nimmt, schäumend vor Wut, eine Eisenstange, die im Zimmer an der Wand lehnte und wirft mich auf den kleinen Tisch, daß ich mit dem Kreuz drauffalle und mit dem Oberkörper liegen bleibe. Er preßt die Eisenstange über meine Brust und wiegt damit hin und her. Die Stange liegt quer, genau schräg zwischen den Brüsten. Ich denke, daß er mit dieser Wut nicht nur das meinen kann, daß ich bei der alten Frau war. Er schürft mich auf, und ich spüre das Eisen. Er schiebt den Tisch immer weiter ins dunkle Eck, und ich habe Angst, mit dem Kopf an die Wand zu stoßen. Jetzt packe ich mit einer Hand seine Schulter und schiebe ihn mit aller Kraft zurück. Ich halte ihn gegen die Wand gepreßt (oder war es sein Hals? Ich weiß es nicht mehr genau). Er keucht und läßt die Stange fallen. Ich sage halblaut: „Bist du wahnsinnig?“ Und ich weiß, daß ich ihm gefalle, und daß er zu stolz war, es jemals anders zu zeigen als durch Wut. Ich mag ihn. Er greift mir jetzt ins Haar und sagt: „Ich will nicht, daß du zu dieser Hexe gehst! Sie sagt dir Dinge, die für dein Leben nicht gut sind. Ich möchte, daß wir uns hier im Turm öfter treffen.“ So gehe ich mit ihm, wir treffen uns und laufen auf die Wiese hinter dem Schloß, liegen im Gras und schmusen. Es ist fein. Ich will nicht dran denken, daß er grob war.

Wir bleiben zusammen und wohnen jetzt in einem Holzhaus im Wald. Ich habe ein Kind bekommen und liege noch mit gespreizten Beinen auf dem Bett im Zimmer. Er kommt herein und schaut mich an. Eine Wärme geht von ihm aus. Wenn ich das Kind stille, und ich fühle es in der linken Brust, schmerzt es mich dort. Das Kind beißt und gräbt seine Hände in mein Fleisch. Wir leben dort ruhig nebeneinander, ich tue meine Arbeit im Haus und er geht in den Wald und bringt das Essen. Eines Tages kommt ein Reiter und bringt einen Brief. Ich weiß, daß er vom Schloß kommt, denn ein rotes Siegel ist darauf. Mein Mann (eigentlich sind wir nicht verheiratet) ist nicht hier und er gibt mir den Brief nicht. Als er zurückkommt, hat er den Reiter getroffen und damit den Brief bekommen. Ich kann nicht lesen und sehe die Schrift nur als Wellenlinie. Er sagt mir, im Schloß hätten sie eine bessere Arbeit für ihn, nicht mehr Türhüter und Bote. Er will hin, aber ich werde damit aus der Ruhe herausgerissen. Zugleich ist es mir im Wald zu einsam und zu still. Wir packen alles zusammen und ziehen mit Pferd und Kind zum Schloß. Dort leben wir bis wir alt sind. Ich bin viel alleine. Er ist nicht oft bei mir. Ich liege in einem Holzbett und bin krank. Mir ist heiß und ich bin schwach, daß ich nicht mehr aufstehen kann. Er kommt jetzt zur Tür herein. Er geht zu meinem Bett und legt den Kopf auf meine Brust. Ich muß ihn trösten. Ich spüre seine kurz geschorenen Haare an meinem Gesicht, und es wird mir zu schwer, daß er auf meiner Brust liegt. Ich schaue zur Decke nach oben und es zieht mir den Kopf zurück. Es zieht immer weiter, um die Kurve, und meine Brust wölbt sich. Er erhebt sich jetzt, und schaut mit gefalteten Händen zu mir. Ich schaue ihn an und spüre, daß meine Augen nicht mehr lange sehen werden. Der Hals ist wie zugeschnürt, und ich bleibe so liegen. Ich bin tot, aber nur mein Körper liegt hier, und ich stehe durchsichtig hinter dem Bett, schaue auf den Körper und den Mann. Mein Leben verlief ruhig. Gut war, daß ich mit dem Mann mitging, als wir uns im Turm zum ersten Mal begegneten, daß ich das Kind hatte und daß ich mit dem Mann der Schloßherrin doch nicht schlief, sondern ihn wegstieß. Aber es war schlecht, daß ich selber so wenig tat, sondern alles hinnahm, wie es kam, und im Leben mit meinem Mann so wenig gestaltet habe.

Als durchsichtiges Wesen schwebe ich über die Bäume und das Schloß hinweg, sehe noch das Haus im Wald, wo wir lebten. Dann fliege ich über das Dorf, das zum Schloß gehört. Aber ich will dort nicht bleiben. Ich will weiter. In einer Richtung vermute ich das Meer, dorthin will ich. Ein Schwebender begegnet mir, aber ich will ihn loswerden. Ich flieg' alleine weiter und schaue mir alles an, was ich schon immer sehen wollte.

Ich bin der Oberste eines Stammes von Menschen, die in Felshöhlen wohnen. Wir hatten einen Kampf und haben nun einen Gefangenen. Er baumelt von einem Holzgerüst und ist bewußtlos. Er sollte nur dort hängen, ich will ihn aber töten mit einem schweren Stein. Ich bin groß und sehr kräftig. Die Knechte am Gerüst sagen, daß es unsinnig sei, einen baumelnden Mann mit einem Stein zu treffen. Alle anderen kommen aus ihren Felshöhlen heraus und schauen gespannt. Ich werfe den Stein auf die Brust des Gefangenen, und er fällt, mit dem Gesicht auf die Steine, vom Gerüst herunter. Er ist tot. Ich drehe mich um und gehe. Ich weiß, daß mich alle nur aus Angst vor meiner Stärke anerkennen. Ich gehe in meine Höhle.

Als Jüngling soll ich den Göttern auf einem Altar geopfert werden: Ich gehöre zu einem Stamm von vielen dunkelhäutigen Menschen. Ich bin circa 15 Jahre und habe eine hellere Hautfarbe als alle anderen. Bei einer Versammlung wird verkündet, daß der Zeitpunkt des Festes wieder gekommen sei. Alle sitzen in einer Arena und vorne wird in einer Steinschale eine Räucherasche entzündet. Rauch steigt gerade zum Himmel auf. „Die Götter haben es uns diesmal leicht gemacht. Denn der Bub in dem Alter hat eine hellere Hautfarbe und fällt damit auf, daß er von den Göttern auserkoren ist, das Opfer zu werden". Alle schauen auf mich und ich fühle mich verloren und leer. Es soll aber eine Ehre sein. Ich werde ins Haus der Buben getragen, die ab einem gewissen Zeitpunkt von den Eltern getrennt dort leben. Ich fühle mich nicht geehrt und überlege, ob ich weglaufen könnte. Aber sie würden mich wieder fangen und dann wäre alles viel schlimmer.

Am Morgen werde ich in einem Haus gewaschen und in ein anderes gebracht, wo mein Körper fürs Opfer vorbereitet wird. Ich bin kraftlos und stumm. Ich weiß nicht mehr, ob ich ein Mensch bin oder nicht. Wenn ich einer wäre, müßte ich davonlaufen! Aber ich tue es nicht! In einer Schale liegen erhitzte Eisenstäbe, die mir durch die Brust getrieben werden sollen. Aber ich spüre keinen Schmerz. Ich spüre nur, wie er die Stäbe ansetzt. Ich habe Angst und schaue ihn an, der es tun soll. Ich hoffe, wenn er mit mir reden würde, könnte er es nicht mehr tun, denn dann wüßte er, daß ich ein Mensch bin! Er legt seine Hand auf meine Rippen und jetzt treffen sich unsere Blicke. Er kann mir nicht helfen, aber daß ich den Schmerz nicht spüre, will er mich erwürgen. Und seine Hand drückt mir den Hals zu.

4. Sitzung am 3. 4. 1980

Ich bin ein Bub von ca 14-15 Jahren. Ich bin von einem Dorf weggegangen und gehe durch die Wüste. Ich muß die ganze Straße gehen, und am Ende ist ein Abgrund. Ich gehe in keines der umliegenden Häuser oder Dörfer am Wegrand. Ich müßte den Leuten etwas von mir erzählen und das will ich nicht. So gehe ich weiter und am Ende der Straße sollte ich mich in den Abgrund stürzen. Aber ich setze mich hin und überlege. Ich bleibe einfach sitzen. Dazwischen sehe ich mich als Baby in einem Dorf. Ich bin viel alleine und meine Eltern lassen mich draußen immer frei und alleine herumlaufen, alle anderen sind in ihren Hütten. Ich bin ca 4-5 Jahre alt. Nur wenn ich Hunger habe, gehe ich in unsere Hütte oder wenn ich schlafen will. Meine Mutter gibt mir dann, von mir abgewendet, ein Stück Brot. Ich laufe dann draußen wieder herum, stoße Sand mit den Füßen. Mein Kopf wird sehr groß. Ich wackle ständig damit hin und her. Einmal gehe ich hinter eine Hütte. Mein Kopf ist jetzt viel größer als der Körper. Ich lege mich hin und werde nicht mehr aufstehen. Ich will nicht aus meinem Körper hinaus, vor allem nicht aus dem Kopf. Dort ist es so gut eingerichtet. Außerdem wird er mich immer wieder zurückziehen. Ich schlüpfe dann doch beim Ohr hinaus und schwebe immer über dem Kopf und muß noch entzückt darüber sein. Dieses Leben hatte nur den Sinn, daß ich herumlief, einen Wasserkopf hatte und alleine war.

Als der Bub von vorher bin ich um den Abgrund herumgegangen. Es ist bis jetzt alles leer und einsam gewesen. Aber nun liege ich am Boden, denn 2 Männer aus dem Wald haben mich niedergestoßen. Sie wollen mein Herz herausreißen. Sie brauchen ein Herz für ein Opfer. Eigentlich sollte es ein Tierherz sein. aber weil sie keines fanden und sie wissen, daß ich immer alleine bin, wollen sie meines herausreißen. Sie schnitten in meine Brust mit einem spitzen Stein der Länge nach eine Wunde, wühlten sich mit den Fingern hinein und zerren das Herz hervor, das noch an einer Hautröhre hängt. Ich spüre nichts, denn vom Fall auf den Stein bin ich betäubt. Ich zapple nur und sie werfen mir das Herz nach einiger Zeit zurück auf den Hals. Ich bleibe liegen und schwebe nach einiger Zeit aus dem Körper weg, über einen Wald mit lauter Nebel.

Ich gehe als menschenähnliches, männliches Wesen über eine steinige Landschaft. Ich komme von einer Bucht, in der mein Boot liegt. Alles ist still und leer und ich will ein Tier suchen mit dem Seil, das ich in der Hand trage. Aber ich finde nichts. Ich komme von der Insel, die vor der Bucht liegt. Es lebten dort viele mit mir und ich wollte der Häuptling sein. Doch sie waren mit meinen Ideen, die ich bei einer Versammlung hatte, nicht einverstanden. Ich schlug dabei einem mit meinem Seil ins Gesicht. Sie sagten darauf, ich kann das Boot nehmen und damit wegfahren, aber nie mehr kommen. Ich bin wieder alleine, und in meiner Brust ist etwas wie eine Leerstelle.

Ich sehe mich mit einer zweiten Frau. Hinter uns ist ein Reiterheer. Sie reiten aber nicht zu uns. Es ist eine Jagdgesellschaft. Ich kenne diese Frau. Sie ist gütig, mild und sanft und wohnt mit ihrem Mann in einem Schloß. Ich besitze auch ein kleineres Schloß und es steht in ihrer Nähe, nur durch einen kleinen Wald getrennt. Ich bin jung, schlank, dunkelhaarig mit langen Locken und sehr temperamentvoll. Ich richte mich immer schön her für die Männer, die mich nach der Jagd besuchen kommen. Ich unterhalte mich mit ihnen und schlafe auch mit ihnen. Aber auf die Dauer zusammenleben will keiner mit mir. Ich bin dazwischen immer alleine. Einmal war ich zu Besuch bei der Frau und ihrem Mann. Ich wollte seine Aufmerksamkeit, aber er beachtet mich nicht. Bei dieser Jagd nütze ich es aus. Ich reite mit seiner Frau auf einen Seitenweg und sie glaubt, ich wolle mit ihr reden. Aber ich stoße sie so vom Pferd, daß sie bewußtlos wird. Ich schleppe sie zum Baum und halte sie mit einer Hand dagegen, daß sie aufrecht bleibt. Ich hasse sie. Sie hat etwas so Gütiges, Mildes, Weiches und Zartes an sich, das ich nicht habe. Dafür will ich sie umbringen. In meinem Kleid habe ich ein Messer. Mit dem will ich sie töten. Ich habe ihr das Kleid von der Brust gerissen und steche oberhalb der Brust eine Wunde. Das Blut spritzt heraus und ich spüre die Gier in meinem Mund. Ich sage nichts zu ihr, und sie hat die Augen geschlossen, weil sie bewußtlos ist.

5. Sitzung am 4. Juni 1980

Tonbandaufzeichnung, da das von der Patientin im Anschluß an die Sitzung geschriebene Protokoll verloren ging. Vieles ist undeutlich oder unverständlich.

(Patientin) 3: *(unverständlich)*... Fleisch... und ich schau' ob niemand kommt...
Th: Warum möchtest alles allein essen?
P3: Ich glaube, da gibt es nicht mehr viel' Tiere...
Th: Bist du da überhaupt allein in der Gegend oder sind da noch andere Menschen?
P3: ... bin ich da allein. Ich hab das Gefühl, die anderen sind da sowieso weggegangen.
Th: Warum möchtest du das unbedingt allein essen, was ist mit den anderen, haben die selber genug oder haben die zu wenig... oder kämpft da jeder ums Überleben, oder was ist da los? ...und fühlst du dich dabei wohl?

P3: Nein, überhaupt nicht. Ich schau' immer, ob die anderen nicht kommen und dann zu mir herschauen und sagen, ich soll das tun... ich weiß gar nicht, was ich ihnen sagen soll...
Th: Lös dich von der Situation und blende in eine frühere ähnliche Situation, wo du Probleme mit dem Essen hast. Blende hinein in eine noch frühere Situation, wo du Probleme mit dem Essen hast, ja ganz hineingehen... was gibt es da?
P3: ... *unverständlich...*
Th: Ganz hineingehen in eine Situation, wo es für dich Probleme gibt mit dem Essen.
P3 Ich gehe herum und muß die bedienen, glaube ich... ja.
Th: Was hat das mit deinen Problemen mit Essen zu tun? Was bedeutet das für dich, wenn du die anderen bedienen mußt, kriegst du da auch was zum Essen oder nur die anderen?
P3: Ich habe vorher schon in der Küche was gegessen. Und ich denke mir, eigentlich könnte ich das Essen vergiften, weil ich eß sowieso nichts von dem.
Th: Und tust du das auch?
P3: Das trau ich mich nicht, weil dann fallen alle tot um. Dann habe ich einen Saal voller Tote, und ich weiß nicht, was ich mit denen tun soll.
Th: Wie kommst du denn auf die Idee? Vielleicht solltest doch schauen und hingehen einfach.. Was ist denn mit dem Gift? Denkst du das nur, möchtest du da irgendwas mit dem Gift... Wie kommst du da auf einen Saal voller Toter?... Ganz hineingehen, die Situation, anschauen, was da geschieht. Du gehst da herum und bedienst, hast vorher in der Küche etwas gegessen. Denkst du da nur oder tust du da etwas? Ist es nur in Gedanken, oder tust du auch etwas, den anderen das Essen zu vergiften? Was geschieht da? Ganz hineingehen in die Situation, anschauen!
P3: ... Ich habe schon was in der Hand.
Th: Ja, was hast du in der Hand?
P3 *Schwer verständlich:* ... ein Gefäß ... zum Nachwürzen.
Th: Und was hast da für ein schönes Gewürz in der Hand? Genau hinschauen, ganz durchleben, wirklich anschauen, wie es ist, nichts wegschieben, nichts verändern... Wer sagt dir, daß du das Essen nachwürzen sollst?
P3: Das hat der gesagt, der das Mahl da gibt, und bei dem stehe ich jetzt.

Th: Was hast du für eine Beziehung zu den Leuten da... zu dem der das Mahl da gibt? Wer bist du da, der Mundschenk oder was bist du?
P3: Ja, sowas, so ein Diener.
Th: Und was sind das für Leute?
P3: Das sind alles so edle Leute.
Th: Was hast du für ein Gefühl denen gegenüber? Magst du die gern oder nicht?
P3: Ich mag die überhaupt nicht leiden. Ich komme mir so unbeachtet vor. Ich möchte eigentlich die vergiften.
Th: Ja, und wie geht das weiter?... Hinschauen, was geschieht da?
P3 *Schwer verständlich:* ... der, dem ich gegenübersitz'... und der fällt vom Sessel.
Th: Ja, warum fällt er vom Sessel? Bist du da schuld daran? Ganz hineinschauen in die Situation, was geschieht da? Ganz anschauen!
P3 *Nach langer Pause, mit erschreckter Stimme:* Hat die doch nicht das Gift in meiner Hand gesehen? Die glaubt nicht, daß ich sowas tue...
Th: Und deswegen fällt sie vom Sessel... oder ist da schon was drin ... in ihrem Essen?
P3: Ja, bei ihr ist was drinnen gewesen.
Th: Warum bei ihr gerade? Wer ist das, die Frau? Ist nur bei ihr was drinnen oder sonst auch wo?
P3: Ja, nur bei ihr, die steht nämlich ziemlich nahe zu dem Mann.
Th: Zu welchem Mann?
P3: Zu dem Mann, der das Mahl gibt, der sitzt dem gegenüber.
Th: Und was bist du, ein Mann oder eine Frau?
P3: Eine Frau.
Th: Und möchtest du etwas von dem? Was ist mit dem Mann, mit dir und dieser Frau? Hinschauen, was hast du für eine Beziehung zu dem Mann und zu der Frau?
P3: Ich möchte einfach, daß sie stirbt.
Th: Warum willst, daß sie stirbt?
P3: Weil zwischen ihr und ihrem Mann so eine Verbindung da ist... *(schwer verständlich)*... die brauchen sich nur anschauen... da ist so ein Verständnis da.
Th: Sind die verheiratet, ist das ihr Mann?
P3: Ja
Th: Und warum stört dich das?
P3: Nein, die sind nicht verheiratet, aber er wird sie heiraten.
Th: Woher weißt du das?

P3: Weil die so oft da ist, weil er die mag, das zeigt er ja.

Th: Und du, möchstest du ihn auch gerne? Was hast du für eine Beziehung oder was hat er für eine Beziehung zu dir?

P3: Er beachtet mich überhaupt nicht. Und ich bin überhaupt ... fast nichts.

Th: Was hast du für eine Funktion in dem Schloß?

P3: Ich darf immer nur die Abwascharbeiten machen... oder beim Mahl richten... zieh ich mir so ein helles Kleid an, dann darf ich denen das Essen geben.

Th: Die Frau, was ist die, was hat die für eine Beziehung?

P3: Die Frau? Die ladet er immer ein von einem anderen Schloß her. Ich hab überhaupt keine Möglichkeit, daß irgendwas passiert in dem Schloß, was zu meinen Gunsten wäre, gut wäre... Dann kommt mir vor *(unverständlich...)*, daß was Schlimmes passiert: daß alle aufgeregt sind und gar nicht wissen, wer das war... *(unverständlich)*.

Th: Und wie geht das dann weiter? Wie kommst du zu dem Gift und wie... Genau hinschauen, die Situation ganz durchleben!

P3: *Unverständlich ...*

Th: Schau einmal hin, wo hast du denn das her?

P3: Da gibt es so ein Buch über Küche oder über Kräuter, wo das drin steht.

Th: Was steht da drin?

P3: Ja über Kräuter, wo man nur wenig nehmen darf, wenn man zuviel davon nimmt, sind s' gefährlich... Da misch' ich halt einfach alle die zusammen, wo man zuviel davon nehmen muß. Das wird dann so eine braune, blockartige kleine Masse, die habe ich in der Hand... Ich habe so eine Schale in der Hand und da ist Salz drinnen und dahinter habe ich das Stückl Gift liegen. Da misch' ich unter das Salz ein Stückl von dem Gift.

Th: Und das fällt nicht auf?

P3: Der Mann der sitzt nur so steif da und schaut. – Ich bin mir nicht sicher, ob er das weiß.

Th: Hast ihm schon etwas hineingetan? ... Genau hinschauen...

P3: Ich steh nur hinter seinem Sessel. – Jetzt schauen alle auf die hin, weil die ist heruntergefallen vom Stuhl.

Th: Hat die schon etwas dringehabt?

P3: Ja.

Th: Geh einmal zurück zur Situation, wo du irgendwas hineintust. Wem tust du was hinein? Genau hinschauen, wo du da das Gift mischst... Wie geht das jetzt genau?

P3: Ich komm' bei der Tür herein und da hab' ich das Zeugs... Gift...

Th: Wo gehst du hin?

P3: Hinter den Schrank, wo die Untersetzer...

Th: Wie geht das weiter?

P3: Dann geh' ich so die Runde und lach' ganz freundlich und nicke allen zu und die lachen mich auch an und bei ihr... da tu' ich Gift hinein, sonst bei niemand... auf der Seite. Und ich weiß genau, wenn ich die Runde gegangen bin und wenn... dann wird was passieren... und ich bin ziemlich aufgeregt und schau' immmer zu ihr hin... und bei seinem Stuhl da halt' ich mich an...

Th: Tust du da auch etwas hinein oder nicht?

P3: Mir kommt vor, die hat noch nichts gegessen, aber die fällt trotzdem vom Sessel.

Th: Schau einmal genau hin, warum fällt die vom Sessel?

P3: Ja, sie hat gekostet davon... Sie ist dann vom Sessel gefallen, und alle schauen zu ihr hin. Und während er hinschaut, tu' ich ihm auch etwas hinein.

Th: Wie geht das weiter dann?

P3: Sie liegt am Boden, und die neben ihr springen auf und heben sie auf. Und er schaut ganz zornig, daß das jetzt passiert, daß das ein Zwischenfall ist. Er glaubt, sie ist ohnmächtig oder so was. Das hat gar nichts genützt, daß ich ihm das Gift da hineingetan habe, weil er ißt jetzt gar nichts mehr. Sie tragen sie dann ins Zimmer hinauf. Alles ist aufgelöst, und alle stehen da herum. Er kommt herein nach einer Zeit und sagt, sie ist gestorben

Th: Zu dir?

P3: Nein, zu den Gästen, die da sind... Ich bin ja schon wieder in der Küche draußen.

Th: Woher weißt du es dann?

P3: Ja weil die Tür... Da ist ein Gang, und da ist der Saal, und gegenüber da ist die Küche, da sind beide Türen offen, und das hört man.

Th: Wie geht das weiter?

P3: Ich steh' da, es sagt niemand mehr was, ich hab' ganz kalte Hände, und ich halt' den Arm vorm Mund, weil ich so erschrocken bin... Aber sonst erschüttert's mich eigentlich gar nicht so viel, es freut mich eigentlich; denk ich mir: Was habe ich jetzt eigentlich davon? Was soll ich jetzt tun? Und dann denk ich mir, ich könnt' höchstens ab und zu ausprobieren und die verschiedenen Tische... Mehr interessiert mich eigentlich gar nicht.

Th: Was machst du dann?

P3: Ja ich misch' da so Sachen... das Buch hab ich mitgenommen von der Küch', wo alles über die Kräuter drinnen steht. Das ist fast so eine ähnliche... wie damals, wo ich bei der Hexe war und ich weiß auch nicht, ob das so was Ähnliches war, was mir die Hex' damals mitgeben hat; jedenfalls bin ich jetzt eh...

Th: Ja, was machst du?

P3: Ich misch' da so Sachen zusammen, teilweise Heilmittel, teilweise Giftmittel

Th: Wie geht das weiter? Was geschieht weiter?

P3: Da kommen dann so Reiter vorbei; die wissen, daß ich so Sachen mix'... aber die sagen immer nur, daß sie Medizin brauchen. Aber ich hab' dann immer so eine eigene Technik, daß ich herauskrieg', ob sie jetzt wirklich ein Heilmittel wollen oder ob sie Gift wollen

Th: Was gibst du den Leuten?

P3: Da hab' ich die Gläser, wo ich die Sachen drinnen habe.Dann geb' ich ihnen halt... die Kräuteln da mit...

Th: Was sie wollen oder was du willst?

P3: Was sie wollen... wer krank ist.... ob sie ihn gern mögen, ob er ihnen nahe steht, ob es die Frau ist... Da krieg' ich schon raus, ob sie Gift wollen oder nicht.

Th: Gibst du, wenn es Nahestehende sind oder die Frau, immer Heilmittel mit oder hie und da auch Gift – wenn du herausbekommen willst, wie die verschiedenen Giftarten wirken? Genau hinschauen, was du wirklich machst da!

P3: Manchmal... da geb' ich jemandem Gift mit... da kann es höchstens sein, daß jemand von seiner Schwiegermutter erzählt... da lach ich dann immer so.

Th: Hinschauen, wie lachst du da?

P3: Ganz hämisch.

Th: Hat das keine Folgen, dein Tun, daß du die Leute vergiftest? Kommt da niemand drauf? Wie geht das weiter?

P3: Das ist immer so. Die Leute kommen nur zu mir und es wissen ja sowieso nicht alle aber bei ganz krasse Fälle – entweder es hilft was

oder es hilft nichts – und dann bin ich nicht schuld, wenn's nicht hilft. Er wär halt dann sowieso gestorben, aber man hat halt alles probiert.
Th: Und hörst du dann hie und da davon, ob sie gestorben sind oder nicht?
P3: Ja, wenn ich so in die Stadt gehe und acht', dann hör' ich schon was, ob die Frau gestorben ist... von der hab' ich's auch gehört... die hat... Kinder gehabt... die war so krank, so schwach... und da ist der Mann gekommen und der wollt' so eine Medizin... dem habe ich keine 'geben.
Th: Und was hast du ihm gegeben?
P3: Gift... so Kräuter, die sie kauen hat müssen... Dann ist sie gestorben. Aber der Mann hat gedacht, sie wär' sowieso gestorben.
Th: Wie geht das dann weiter? Ändert sich da noch was. Was geschieht mit dir weiter? Wie lange lebst du da?
P3: Ja ich bin so häßlich. Ich hab' immer so ein gelbes Kleid an.
Th: Immer schon gewesen (häßlich) oder geworden?
P3: Nein, geworden.
Th: Seit wann?
P3: Ja seit ich in der Hütte lebe.
Th: Warum bist du so häßlich geworden?
P3: Weil ich immer so wenig schlafe und weil ich so alt geworden bin... Ich hab' so eine grausig klingende Stimme...
Th: Wie geht es weiter? Ändert sich noch was bis zu deinem Tod? Wie stirbst du dann?
P3: Eigenartig, da lieg' ich selbst krank auf dem Bett. Da hab' ich so verschleierte Augen. Da bräuchte ich selber eine Medizin, die ich gemacht habe. Aber ich bin jetzt ganz durcheinander, ich weiß gar nicht mehr, wo ich jetzt die Medizinen habe und wo ich die Gifte hab'. Ich schau'... die ganzen Gläser... streck' die Händ hinauf, aber ich trau' mir nichts nehmen, weil ich denk', zum Schluß erwisch' ich das Gift.
Th: Wie geht es weiter?
P3: Ich denk' mir, oben habe ich sicher die guten Sachen gehabt und unten habe ich die Gifte; aber ich denk' vielleicht habe ich einmal eines vermischt aus Versehen. Ich denk' ich kann nirgends hingehen. Dann stehe ich einmal auf. In die Stadt kann ich auch nicht gehen, da kenn' ich ja niemanden, da mag mich auch niemand. Da leg' ich mich wieder hin und zieh' mir die Decke über und möcht' einmal schlafen. Ich kann überhaupt nicht einschlafen. Da kommt jemand, klopft, –

aber ich mach' überhaupt nicht auf. Ich überlege, ob ich so was nehmen soll oder nicht.
Th: Nimmst du etwas oder nimmst du nichts? Wie geht es weiter? Anschauen!
P3: Ich nimm etwas von den schmalen Gläsern und kost' einmal.
Th: Und wie schmeckt das?
P3: Bitter.
Th: Wie geht es weiter? Wirst du darauf wieder gesund? Hinschauen, durchleben! Was geschieht?
P3: Ich sterb' nicht davon. Es hat mich gewundert, ich hab' gedacht, ich hab' unten die Gifte hingestellt.
Th: Wolltest absichtlich Gift nehmen? Wenn du dich wunderst, daß du nicht stirbst?
P3: Ich weiß nicht.
Th: Hinschauen, anschauen!
P3: Ich hab' gedacht, ich nimm einfach das, es ist egal, was passiert.
Th: Und was passiert?
P3: Ich fürcht' mich so... am Hals und in der Brust.... da stütz' ich mich so auf und da muß ich wahnsinnig husten, mir tut der ganze Brustkorb weh... dann hab' ich so ein... Gefühl im Hals und ich hab' so eine Wut, daß ich so husten muß, und ich hau' mit der Faust aufs Bett hinein und dann geh' ich Wasser trinken... Ich möcht' das Wasserglas am liebsten wo hinhauen, daß es zersplittert.
Th: Tust du es oder möchtest es nur?
P3: Nein, ich tu's nicht.
Th: Wie geht es weiter?
P3: Dann ist mir die Hütte so viel zu klein. Dann weiß ich nicht, wo ich hinlaufen soll, wenn ich außilauf.
Th: Wo laufst du hin? Wie geht es weiter? Durchleben bis zum Tod, wie geht das weiter? Was geschieht weiter?
P3: Ich leg mich mit dem Kopf auf die Bettkante hin und mach die Augen zu und ich spür überhaupt nichts mehr.
Th: Bist du tot oder wie, warum spürst du nichts mehr?
P3: Ich bin nicht tot.
Th: Warum spürst du nichts mehr? Wie geht es weiter?
P3: Ich geh' in der Hütte auf und ab. Ich bin so dick, so eine dicke Frau bin ich. Ich fühl' mich total hilflos. Dann schau' ich die ganzen Gläserreihen an. Jetzt denk' ich, es bleibt mir sowieso nimmer mehr, daß ich eines von den Gläsern aufmache und das schlucke. Und ich

schau', wo das stärkste Gift drinnen ist. Es ist ganz hinten, das letzte Glasl.
Th: Was tust du? Hinschauen!
P3: Ich zögere immer noch, ob ich's tun soll. Aber ich denk', ich sterb' jetzt oder ich verende sowieso, weil jetzt kommen nie mehr so viel Leute und holen eine Medizin bei mir.
Th: Was machst du?
P3: Ich geb' so ein Kraut in ein Glas und ein Wasser drauf. Das trink' ich dann.
Th: Wie geht es weiter? Ganz durchleben!
P3: Es ist so bitter und ich taumel dann so, als wie ich betrunken wär', und dann fall' ich auf das Bett und dann lach' ich.
Th: Warum lachst du?
P3: Ich weiß es gar nicht, vielleicht rinnen mir Tränen raus. Dann hau' ich mit die Fäust auf das Bett und schrei' und lach' und wein'.
Th: Wie geht es weiter?
P3: Dann dreh' ich mich um, leg' mich mit dem Kopf aufs Bett und... auf'm Kopfkissen lieg' ich dann und krieg' keine Luft mehr. Dann hab' ich das Gefühl, der Polster saugt sich in meinen Mund hinein, und ich kann mich dann umdrehen.
Th: Wie geht es weiter? Ganz durchleben, anschauen!
P3: Ich weiß, es gibt da überhaupt nichts mehr. Ich habe überhaupt keine Kraft mehr zum Aufstehen. Dann hächle ich so und dann lass' ich alles fallen... die Hände fallen auf den Boden... Kopf... habe die Augen ganz weit aufgerissen und schau' auf die Tür.
Th: Was siehst du da?
P3: Nichts. Da seh' ich nur, wie manchmal Leut' einakommen zu mir.
Th: Wie geht es weiter jetzt, bis du draußen bist aus dem Körper, und was passiert dann?
P3: Ich bin schon draußen. Beim Kopf bin ich raus.
Th: Wo bist du jetzt?
P3: Jetzt schweb' ich da hin zur Tür, die mach' ich auf und schau' da, wie der grausige, dicke Körper da liegt.
Th: Kannst du zurückschauen auf das Leben da jetzt, was deine Aufgabe war, was du richtig, was du falsch gemacht hast?
P3: Da hab' ich alles falsch gemacht, da hab' ich überhaupt nichts richtig gemacht.
Th: Was wäre deine Aufgabe gewesen?

P3: Wenn ich schon Kräuter misch', daß ich gute mische, daß ich helfen kann und daß ich das gar nicht anfang' mit dem Gift.
Th: Gut, dann lös dich von dieser Situation und blende zurück in eine frühere Situation, die die *Ursache*, die die erste karmische Ursache ist für diese Probleme mit Essen und daß du so allein bist, daß du später so leiden mußt mit Essen...wo du irgend etwas setzt, etwas tust, irgend etwas verschuldest, das später die Ursache wird, die die späteren Leiden erklärt... Ja, da, was kannst du da wahrnehmen, beschreiben, aussprechen... ganz hineingehen, was geschieht, wo bist du da, ganz hineingehen in diese frühe Situation, wo du etwas setzt, das du später durch diese Leidensketten wieder einlösen mußt...
P3: Ich bin so ein Baby... und die Mutter sitzt da, ist nackt und soll mich stillen... und ich beiß' ihr einfach in die Brust, weil ich so ein Gefühl habe im Mund, ich möchte die ganze Brust einsaugen.
Th: Ja weiter, was sagt die Mutter da?
P3: Die schaut mich an und die geht weg.
Th: Was sagst du drauf oder was machst du drauf?
P3: Ich schrei' und schlag' sie und kratz' sie ins Gesicht.
Th: Wie alt bist du da ungefähr?
P3: Zwischen 1 und 2 Jahre.
Th: Wie geht es weiter?
P3: Ich möcht' sie immer reizen, möchte ihr in den Finger hineinbeißen. Und meine Mutter ist ganz unglücklich, daß sie ein so komisches Kind hat, das immer schreit, immer mit den Händen herumschlägt und immer beißen will. Ich habe im Mund immer so ein Gefühl, daß ich ihr ins Fleisch beißen will. Ich möcht' die Mutter zerkratzen. Ich kriech' der Mutter über die Schulter... ich halte mich absichtlich immer so fest, daß ich sie kratze. Sie hält sich immer so ruhig und ich merke, daß sie traurig ist. Und wir sitzen da in so einer Höhle...
Th: Wie geht das weiter, wie entwickelt sich das weiter?
P3: Ich werde ein Mann...
Th: Hinschauen, anschauen...
P3: Und eines Tages stoße ich meine Mutter einfach von der Höhle aus in die Schlucht hinunter. Weil ich sie weghaben will, weil nur wir zwei in der Höhle immer sind und sie immer an mir hängt. Weil ich auch so eine Wut gehabt habe, weil ich sie einfach lossein will... und dann fällt sie da hinunter und da fällt ein Stein nach. Und dann bin ich allein in der Höhle

Th: Was machst du dann? *P3 schluchzt...* Hinschauen, anschauen! Was tust du dann?
P3: Da ist's so niedrig... und für mich ist jetzt auch die Schlucht da... Weil ich komm' auch nicht drüber über die Schlucht... Und ich bin jetzt gar nicht mehr so stark wie ich war.
Th: Warum?... warst du zuerst so stark? Was war das für eine Stärke?
P3: Weil ich mit meiner Mutter so bös' sein hab' können.
Th: Wie geht es weiter? Hinschauen, anschauen!
P3: Ich steh' da und überleg' gerade, was ich tun soll. Und ich hab' Angst, daß ich zu schwach bin, daß ich von der Höhle herausklettere und über den Berg drüber, daß ich selber runterfalle.
Th: Und was passiert wirklich? Hinschauen!
P3: Ich kletter' raus und hab' so, einen Holzstab habe ich mit, und dann klettere ich da oben drüber und ich schau' immer hinunter in das Loch und ich hab' Angst, daß ich den Kopf und die Haare von meiner Mutter sehe. Und ich habe Angst, daß ich da abifall' und daß ich auch da bei ihr untenlieg'.
Th: Wie gehts weiter?
P3: Und da klettere ich über den Berg drüber. Aber dahinter sind auch wieder alles nur Berge. Nur weit unten ist so ein Waldweg. Da will ich hin.
Th: Wie geht's weiter, was passiert weiter?
P3: Und da geh' ich in den Wald und am Ende von dem Wald da wohnen andere Leute. Die sitzen gerade da und die essen und die sind ganz freundlich und begrüßen mich. Und ich muß auch so tun, als ob ich glücklich wär'. Und dann könnt' ich bei ihnen bleiben...
allein herum... und dann kann ich auch nicht bleiben... ich kann nicht immer so tun, daß ich glücklich bin, weil die wissen ja gar nicht, daß ich die Mutter in die Höhle abigworfen habe. Und dann möcht' ich schon bleiben. Aber ich kann ja gar nicht glücklich werden bei denen- – und dann habe ich trotzdem wieder Angst, daß ich allein bin mit dem, was mich so bedrückt, daß ich die Mutter da abigworfen habe. Aber dann geh ich doch wieder weiter in den Wald. Dann gehe und gehe und gehe ich einfach...
Th: Wo gehst da hin? Wie geht es weiter? Wenn du von da aus das Leben überblickst bis zum Tod: passiert da noch irgend etwas Wichtiges? Ändert sich da noch etwas, oder gehst du da immer nur? Überblick von hier aus das Leben bis zum Ende, was geschieht da?

P3: Irgendwo in einem Dorf bleib' ich. Da bin ich ein alter Mann, und da sitz' ich so... und ich lach' so... und die wissen ja alle nicht, was dahinter alles ist, das werden die auch nie wissen. Das werden die nie erfahren, weil die wissen ja gar nicht, woher ich komme.
Th: Und stirbst du dort? Blende einmal hin zum Tod.
P3: Ja, da stirb ich einfach einmal so in der Hütte, weil ich so schwach und so alt bin und ganz ruhig und da lach' ich dann. Und die sind alle traurig, daß der nette alte Mann stirbt.
Th: Kannst du hingehen, den Tod durchleben bis du heraus bist aus dem Körper? Ja, geht das?
P3: Da legen sie mich jetzt einfach hin, weil ich schon tot bin und sie stehen alle in der Hütte bei mir.
Th: Kannst du von da aus zurückschauen auf dieses Leben, was da die Aufgabe in dem Leben war, was du richtig, was du falsch gemacht hast?
P3: Ich hab' eigentlich gar nicht gewußt, was ich machen soll... aber dann bin ich einfach in einem Dorf geblieben und war nett mit den Leuten...
Th: Ja, was war die Aufgabe in diesem Leben?
P3: Daß ich das anders lös' mit meiner Mutter.
Th: Ja, wie hättest das lösen sollen?
P3: Ich hätte sie mitnehmen sollen
Th: Ja, sonst noch was?
P3: Nein.

6. Sitzung am 5. Juni 1980

Protokoll von der Patatientin. nach der Sitzung geschrieben

Ich habe Schwierigkeiten mit dem Religiösen und dem Glauben. – *Von P3 als Problem formuliert, dessen Ursachen sie in in dieser Sitzung erforschen wollte.*

In der Rückblende: Ich bin vor einer Kirche und werde von 2 Männern festgehalten. Die Menge schreit gegen mich. Ich bin für sie eine Hure oder hexenähnliche Gestalt. Mein Tun und Leben wird als undurchsichtig und merkwürdig angesehen. Im Wald draußen steht das Holzhaus, das ich bewohne und wo mich oft auch gestrauchelte oder einsame (meist Männer) besuchen kommen. Ich höre ihnen zu von ihren Sorgen, kann aber nicht konkret helfen. Viele glauben, die Männer würden mit mir schlafen, aber so ist es nicht. Ein Pater kommt von hinten zur Menschenmenge, und ich kenne ihn. Öffentlich hilft er mir nicht, aber als ich in den Keller geschleppt und eingesperrt werde, tritt er ans kleine Fenster von der Straße aus. Er sagt, ich brauche keine Angst zu haben. Es wird alles gut. Ich möchte sterben und denke, ob ich auf die Guillotine komme. Aber der Vorfall ist bald vergessen, und ich muß zurück in meine Hütte, in der ich oft alleine bin. Es bleibt niemand bei mir.

Von dem Vorhergehenden unabhängig lebe ich jetzt in einem Kloster als Nonne. Das Kloster ist abgelegen auf einem Fels. Als schwächliches Kind aus einer Grafenfamilie bleibt nichts anderes, als ins Kloster zu gehen, da sie keinen Mann für mich fanden. Dort lebe ich gefühlsmäßig isoliert von den anderen. Das häufige Beten belastet mich. Die Schwestern leben in meinen Augen jede für sich. Einmal wird eine Mitschwester krank. Ich pflege sie, und sie erzählt von ihren Schwierigkeiten. Aber sie steht doch in der Gemeinschaft. Als sie gesund wird, sind wir öfters beisammen. In einem Kreis von Schwestern sage ich einmal, daß ich zu ihnen gehören möchte, aber daß es oft nicht gelingt. Ich kann meine Vorstellungen über Liebe nicht äußern. Für mich gehört dazu umarmen und trösten. Aber ich möchte es nur, selber tu ich es nicht. Die Schwestern wollen mir mit dem Bibellesen helfen. Innerlich distanziere ich mich von ihnen.

Eine Reiterbande will das Kloster stürmen. Alles wird verschlossen und wir versammeln uns zum Gebet in der Kapelle. Ich gehe alleine weg mit einer Kerze und öffne die Tür im Gedanken, der Reiter werde vor dem Licht zurückweichen. Er trampelt mit dem Pferd über meine Brust und den Hals. Ich falle gegen die Türe und er sprengt mit dem Pferd zur Kapelle, die er ausräumt, den betenden Schwestern aber nichts antut. Die Schwestern holen mich in mein Zimmer und pflegen mich. Die Oberschwester rügt mich über mein Tun und sie hat recht, denn es geschah nicht aus Liebe. Ich werde nicht mehr gesund. Die Wunden heilen schlecht.

An einem Tag, an dem ich sehr schwach bin, kommt ein Priester mit Weihrauch und Hostie. Er fragt, ob ich glaube, daß ich zu Jesus Christus kommen werde. Ich sage einfach ja, glaube aber nur an die Kraft und die Hilfe dieser Hostie. Jede Stunde kommt eine Schwester herein und betet den Rosenkranz. Ich richte mich im Bett auf und möchte, daß jemand meine Hand nimmt. Aber das tut niemand. Ich werde sehr ruhig, spüre die Hitze des Fiebers und die Schmerzen im Kopf. Ich schaue an die Decke und sehe ein durchsichtiges Wesen, eigentlich nur seine Umrisse. Es schwebt hin und her und läßt meinen durchsichtigen Teil des Körpers zu sich hinaufsteigen. Es zieht mich durch die Holzwand und hält mich fest im Arm. Wir fliegen bis zu einer goldenen Treppe. Rechts und links davon sitzen auch Verstorbene mit ihren Begleitern. Aber wir sind auf der untersten Stufe. Ich denke, wie es wäre, wenn ich in der Mitte der Stufen hinaufsteigen dürfte. Aber das steht mir nicht zu. So frage ich meinen Begleiter, ob ich die anderen mitnehmen darf, diejenigen, die ja schon höher sitzen. Er lächelt nur und sagt, ich solle warten. Da würgt mich etwas, daß es mir fast die Luft nimmt. Ich habe viele Schmerzen und es ist entsetzlich. Es ist ein Teufel, der von unten hochkam und mich hinunterreißen wollte. Beim Glockenton fällt er zurück. Er wollte nicht, daß ich auf dieser Stufe bin, und ganz unten ist es noch leicht, mich wegzureißen. Mein Helfer nimmt meine Hand. Er ist bei mir. Ich setze mich mit ihm auf die nächste Stufe, sodaß ich mit den jetzt untersten auf einer Höhe bin.

Ich frage, was wohl zuoberst der goldenen Treppe ist. Aber mein freundlicher Helfer, den ich nicht kenne, sagt nur ich solle warten. Ab und zu besuche ich auf höheren Treppen Mädchen, nehme ihre Hand oder streichle das Haar. Mein Helfer zeigt mir hinunter in einen Wald, wo ein Holzhaus steht. Dort soll ich hin. Es lebt eine Familie mit kranken Kindern drin, die ich pflegen soll. Ich komme als junge Frau mit langen, blonden Haaren in die Hütte. Die Kinder haben Fieber; ich lege meine Hände auf ihre heißen Stirnen und helfe im Haus, was eben zu tun ist.

Der Mann in der Stadt erzählt, daß er eine Helferin habe, die seine Kinder gesund pflegte. Eines Tages kommt jemand aus der Stadt und fragt, ob ich im Krankenhaus bei den Kindern arbeiten will. Ich mache diese Arbeit gerne und weine darüber, denn noch nie holte mich jemand und bat um meine Hilfe. Ich muß um meine Stellung nicht kämpfen, ich habe meinen Platz. Ich kann vieles akzeptieren, weil ich das von der Treppe weiß und von meinem Helfer. Nur einmal bei einer Operation von einem Kind, das im Bauchraum erkrankt ist, helfe ich nicht aus Liebe, sondern aus Anerkennung beim Arzt. Es ist nicht mein größtes Anliegen dabei, daß dieses Kind gesund wird. Bei einem Rundgespräch mit den Ärzten und Schwestern sprechen wir vom Armenhaus in dieser Stadt. Aus meiner Arbeit im Krankenhaus sehen viele, daß ich mit Menschen umgehen kann. Sie bitten mich, dort zu arbeiten und ich gehe auch hin.

P3 beantwortet Fragen zu ihrer "Evolutionstherapie" im Jahre 1980

Brief vom 14. 2. 1991

Der Brief wird wörtlich wiedergegeben unter Auslassung von ganz persönlichen Ausführungen, die mit der Evolutionstherapie nichts zu tun haben:

... Und endlich die Beantwortung Deines Briefes. Ich wollte mir Deine Fragen erst eine Zeit lang durch den Kopf gehen lassen, und alles wieder langsam herholen, was schon so weit zurückliegt, aber bei mir sehr großen Eindruck hinterließ und vor allem eine große Wendung herbeiführte. Ich freue mich, daß Du so ein Buch herausgeben möchtest und hoffe, daß es Dir gut gelingt.

Zu Punkt 1: Wie siehst Du heute diese Rückführung?

Ich glaube, es war eine Erfahrung, die mir geschenkt wurde, die ich nie suchen hätte können oder die so einfach zu organisieren gewesen wäre. Die Zeit war einfach reif und ich war offen dafür. Und Du warst vielleicht gerade in einer Phase, wo diese Therapieform in der Art, wie Du sie gemacht hast, das Optimale für mich darstellte. Ich habe Dir einfach vertraut und mich „fallen gelassen“...

Zu Punkt 2: Was hat es Dir gebracht?

Ich war in einer tiefen Sinnkrise und suchte Antworten, wie ich mein Leben gestalten sollte. Ich habe mich auf Beziehungen eingelassen, um der tiefen, inneren Einsamkeit zu entkommen – wurde aber nicht glücklicher dadurch.

Durch die Rückführungen habe ich den Sprung wagen können, alles in mir anzuschauen – alle meine Seiten, von der Hexe bis zum Engel und bis zur Jesusbegegnung. Ich habe die Angst vor dem Dunklen in mir verloren und gelernt, wenn ich es unerschrocken anschaue, hat es keine Macht mehr über mich!

... Ich werde immer wieder unterbrochen und kann leider nicht in einem Zug durchschreiben...

Zu Punkt 3: Was war das Wesentliche für Dich, was Du daraus gelernt hast?

Ich bin am Schluß auf meine Art meinem inneren Christus begegnet – sehr viel Licht ist von ihm ausgegangen und er hat mich angeleitet, auf die Menschen zuzugehen – das ist meine Erlösung! Dort hat begonnen, was ich heute empfinde: Es ist völlig unwesentlich, welcher Konfession ich angehöre, wichtig ist, wie ich die Anlagen verwirkliche, die ursprünglich in mir angelegt sind und wie ich dem Gesetz des unnennbaren und nicht fest-gelegten Gottes mich anvertraue. Die Gemeinschaft mit Menschen suchen und mein Sein verwirklichen sind letztlich das Wesentliche.

Zu Punkt 4: Was war der Grund, diese Evolutionstherapie bei Dir zu machen?

Siehe Punkt 1 und 2; außerdem habe ich Dich durch eine Selbsterfahrungsgruppe und durch das Katathyme Bilderleben gekannt und das Gefühl gehabt, bei Dir gut aufgehoben zu sein. Damals war ich noch sehr unkritisch gegenüber Therapeuten. Ich hatte einfach immer Glück. Einige nicht so glückliche Erfahrungen haben mich in letzter Zeit aber kritischer gemacht.

Zu Punkt 5: Wurden meine Erwartungen erfüllt?

Ich glaube, sie wurden sehr wohl erfüllt, denn von vielen Leiden fühlte ich mich befreit. Und sie kamen auch nicht mehr. Ich habe seither z.B. nie mehr unter Eßzwängen gelitten, was zu der Zeit ein erhebliches Problem darstellte. Ich kann auch einen Bekannten – und Freundeskreis aufrechterhalten – bin aber auch gerne bei mir. Mein Leben hat eine Struktur bekommen – keine starre, aber einen Rahmen,

in dem ich mich mehr oder weniger (wechselhaft!) wohl fühle und agieren kann.
Ich lerne immer wieder, über meinen „Tellerrand" hinauszuschauen und habe sachte Hoffnungen in scheinbar hoffnungslosen Zeiten.

Zu Punkt 6: Würdest Du heute so etwas wieder machen – unter welchen Voraussetzungen?

Nur mit einem Therapeuten(in), der (die) eine fundierte Ausbildung hat in verschiedenen therapeutischen Richtungen und mit einem religiösen Weitblick! Ich habe Dich von damals als sehr offen, selber suchend und zugleich religiös (ohne fixe Konfession) empfunden. Eine tiefe Erinnerung ist die Kerze, die Du vorher immer angezündet hast und die eintönige Musik dazu. Es hat mir das Gefühl gegeben, daß Du Dich als Vermittler in den Dienst einer göttlichen Tatsache gestellt hast.
Für mich spielte es nie eine Rolle, ob ich wirklich vor 200, 300 Jahren schon gelebt habe. Ich sehe die Reinkarnation als Möglichkeit, alles aufsteigen zu lassen, was in mir liegt, egal ob es vor 30 oder 300 Jahren in mich gelegt wurde. Es sind alles nur Bilder, die einen Zustand beschreiben.
Ich habe aber auch schon problematische Verbindungen von Religion und Therapie erlebt (an der eigenen Seele von einer sehr dominanten Person).
Die verschiedenen Therapien, die ich machte, haben mich selbstsicherer gemacht – und damit auch mutiger im Alltag. Zur Zeit fühle ich mich nicht sehr therapiebedürftig – und ich spüre aber auch, daß ich immer das finden werde, was ich innerlich gerade brauche.

Zu Punkt 7: Würdest Du diese Therapie jemandem emfpehlen – wem?

Nur wenn es sich ergibt und diese Person von sich aus ohnehin auf der Suche ist.

Zu Punkt 8: Wie unterscheidet sich diese Therapieform von anderen, die Du kennengelernt hast?

Siehe Punkt 6. Es hat mir damals den Weg in die Freiheit gewiesen, weg von kirchlich gebundenen Dogmen. Später kam ich auf dem Weg

weiter – weg von den therapeutischen Dogmen. Und nun taste ich mich oft voran – aber immer mit einem Gefühl des Getragenseins von einem allumfassenden, göttlichen Wesen, das sich nicht festnageln läßt – und dem ich am Ende in der Therapie begegnet bin. „Der Geist weht, wo er will." Dem hast Du Raum gelassen! In diesem Zusammenhang schicke ich Dir auch eine Kassette mit, wo ich in einer meditativen Phase eine Geschichte „erlebte", in der es um die Gottesbegegnung und die Lebensverantwortung geht. Auslöser war das Erlebnis mit einer vorher erwähnten Therapeutin, die für mein Gefühl eine erdrückende Verbindung von Theologie und Therapie an mir anwenden wollte. Sie wollte mir aufzeigen, wie unmöglich es ist, einen katholischen Priester zu heiraten. Durch die Erfahrung, wie anfällig ich gegenüber „Gewissensappellen" bin und durch die Abgrenzung dieser Therapeutin gegenüber, bin ich nur stärker geworden.
Zur Kassette möchte ich noch folgendes sagen: Ich wollte sie Dir zuerst neu besprechen, aber ich lasse sie jetzt, denn es kommt auch die Stimmung drauf, in der ich war, als ich völlig „geknickt" von dieser Therapeutin gegangen bin. Ich glaube, ich habe in dieser Phase auf die Erfahrung zurückgegriffen, die ich in der Therapie bei Dir machte: Ich bin nicht vor Gott in Angst erzittert, sondern bin mit ihm ins Gespräch gekommen und habe erlebt, daß letztlich kein Mensch beurteilen kann, was für den anderen zuträglich ist und was nicht! Manchmal gehen die Wege außerhalb der gesellschaftlich vorgezeichneten Bahnen und trotzdem ist man dabei vielleicht Gott näher als je zuvor!
Ich bin für alles sehr dankbar, was geschehen ist, für den „Sumpf" und für das „Licht"!

4. Protokoll

Gruppentherapie mit 7 Personen

Wochenendkurs am 29. und 30. 4. 1990

Das Protokoll ist die Abschrift einer Bandaufnahme; wobei die Aussagen der einzelnen Teilnehmer wegen der mangelhaften Tonqualität unvollständig wiedergegeben sind. Große Teile sind kaum oder gar nicht zu verstehen. Die Teilnehmer werden mit den Buchstaben A bis G und der Geschlechtsangabe bezeichnet.

A (weiblich): Ich bin mit der Wolke im heißen Wüstensand gelandet... habe einen Mann gesehen, der hat so einen Brunnen gegraben. Bin weitergegangen. Bin dann zu einem Brunnen gekommen, zu einem Beduinenstamm... bei einer Oase... bin dann zum Brunnen hingegangen zum Wassertrinken... dann habe ich mir das Leben, das Beduinenleben ein bißl angschaut, das war so ein richtiger Beduinenstamm mit Kindern und Frauen... Und da war ein Zelt, es war ein irrsinnig großés Zelt, da bin ich dann reingegangen. Und dann bin ich im Zelt gesessen ganz alleine und habe mich fürchterlich gelangweilt. Dann ist jemand reingekommen wie mein Vater. Ich hatte das Gefühl, das ist mein Vater. Der hat so eine Maske aufgehabt wie von einem Indianerstamm, Zauberer... Dann hat er die Maske runtergetan und dann hat er wieder eine Maske aufgehabt. Dann hat er wieder die Maske runtergetan... dann hat er ganz schwarze Augen... schwarzen Bart... wie die arabischen... ausschauen. Dann habe ich ihn gefragt, was ich tun soll. Er hat dann gesagt: was willst du tun, meine Tochter? Ich habe gesagt, ich liebe ihn (den Mann) und möchte ihn heiraten. Er hat gesagt: dann werdet glücklich und gebäre ihm viele Kinder. Dann wurde das Hochzeitsfest vorbereitet mit dem... mit den Beduinentänzen... dann wurde geheiratet... Dann habe ich ihm eine Tochter geboren, glaube ich. Da war irgendwo die Enttäuschung, daß es kein Sohn ist, aber dann war die Akzeptanz schon da, daß es eine Tochter ist.

Dann haben Sie (Therapeut) gesagt, man solle da hineingehen (in den dritten, innersten Bereich, die „geistige Welt", „geistige Ebene" im Gegensatz zur 2. Ebene, der „seelischen Ebene"): Das war ganz total einfach. Ich bin gekommen und etwas hat mich in die Hand genommen und wollte mich da hineinführen. Aber ich habe das Gefühl gehabt, wenn ich da hineingehe, dann bin ich nicht mehr ‚Ich'. Dann bin ich nicht mehr ich als Person, meine Identität ist irgendwie aufgelöst. Eigentlich wollte ich da gar nicht hinein, weil ich hab' das Gefühl gehabt... eigentlich war ich nicht bereit, meine Identität aufzugeben... Obwohl das Himmelstor (Tür in die geistige Ebene) offen war... ich könnte da reingehen ohne Probleme... dann habe ich Petrus („Hüter der Schwelle", des Tores in die geistige Welt) noch einmal meine Frage vorgelegt, was ich tun soll... er hat gesagt, er hat mir eh schon die Antwort gegeben... Dann war ich sofort wieder da (bei der Rückführung in die Gegenwart, in den Körper)... das Bewegen, das Aufstehen... hat mir zu lange gedauert.

Th(erapeut): Wie geht es jetzt?

A: Gut, ich habe überhaupt keine Kopfschmerzen mehr (die vor der Sitzung stark waren)
Dann haben Sie wieder gesagt, ich soll Jesus das übergeben und so... Dann habe ich mir gedacht, ist ja wurscht, ich übergeb dir halt alles. Dann habe ich ihm das alles so hingegeben. .. er hat die Hände so... habe es ihm in die Hände gelegt. Aber es war kein Gefühl der Befreiung dabei... dann bin ich wieder gegangen... Dann haben Sie vom Strömen irgend etwas gesagt... ich habe das Gefühl gehabt, daß von innen heraus schon etwas mitgekommen ist, aber nicht so wie Sie das gesagt haben, sondern anders...

B (weiblich): Ich habe mich bemüht.... wie Sie vorher gesagt haben,mir meine Beschwerden zu vergegenwärtigen. Dann bin ich plötzlich eingestiegen, ganz eigenartig habe ich das empfunden gehabt... ich niese so rhythmisch und jedes Mal schlägt mein Kopf so heftig auf den Boden. Und das ist dann verschwommen in einem Bild, wo ich also einen Kopf... nicht gesehen habe eigentlich, aber der so rhythmisch geohrfeigt worden ist, im gleichen Rhythmus, und ich habe wieder keine Gesichter gesehen und keine, aber ich habe das Empfinden gehabt.... ich war mir zuerst nicht ganz klar, wer ich eigentlich bin. Da ist eine verkrümmte Gestalt am Boden... auf einem Marktplatz so mit Katzenkopfpflaster, ein uralter Markatplatz halt... und eine zweite Figur. Und ich glaube, daß ich die andere war, so eine Frau mit Reifrock halt, reicher gekleidet. Und diese Figur vor mir, die eh schon total elend am Boden gelegen ist, ist dann von Männern an den Pranger gestellt worden, hinaufgezerrt worden, angebunden.

Und ich habe das nicht gesehen, ich habe nur das Empfinden gehabt, ich ohrfeige dauernd noch...

Und dann war die Szene eigentlich vorbei. Und dann war eine völlig andere Szene, die überhaupt nicht im Zusammenhang steht. Auf einmal hat mir der Rücken so weh getan. Und da habe ich das Gefühl gehabt, ich bin also ein Mann beim Holzfällen, beim Waldarbeiten und es fällt also ein Baum um und stürzt mir quer über den Rücken und das war dann auch wieder aus. Und dann habe ich mich auf allen Vieren kriechend gefunden mit einem riesigen Sack... Bin also auf ein Tor zugekrochen... habe ihn mit letzter Kraft hingeschmissen und dann ist das aufgegangen... und so ein Lichtstrahl, ein Lichtkegel auf mich.. vor dem bin ich einfach liegengeblieben, ganz befreit. Ich habe das niemanden persönlich übergeben gehabt, ich habe das einfach von mir geschleudert, so mit letztem Kraftaufwand... Und beim Zurückkommen bin ich diesmal ganz leicht zurückgekommen, bin über die Wiese runtergelaufen... und bin jetzt eigentlich ganz animiert...

C (weiblich): Ich tu mir schwer etwas zu sagen, weil ich kaum so konkrete Bilder gehabt habe. Das Wandern durch die Wiese zum See das habe ich mir auch vorstellen können, mit der Wolke... beim Landen (mit der Wolke) habe ich schon nicht mehr viel gesehen. Es war nur, daß ich das Gefühl gehabt habe, daß es dort Steine gibt... und daß ich wenig Bilder gehabt habe, außer vielleicht einer schwarzen Sturmwolke oder Feuerwolke von einem Brand... es hat aufgehört, ist nicht näher gekommen. Das war eigentlich alles, was ich diesbezüglich gesehen habe. Und mit dem Weiterwandern habe ich auch keine Bilder gehabt. Aber ich weiß nicht, wie ich da sagen soll, es war als ob man schwingt als ganzes, wie wenn man eine ganz tiefe Seite anschlägt, aber mit wechselnden Frequenzen, es war nur mehr ein körperliches Gefühl, es war so pulsierend, ich habe einfach so geschaukelt, es war einfach gut.

Die Vorstellung mit der Flamme das war bei mir ein ganz hübsches Feuer, fast wie ein kleines Osterfeuer und ich habe mich gleich ganz hineingelegt. Jetzt beim Zurückkommen bin ich fast so benommen wie wenn ich richtig geschlafen hätte.

D (männlich): Ich bin dann doch hineingekommen... dem Bach entlang ist auch recht schön gegangen... (großteils unverständlich auf dem Band).

E (weiblich): Es war nicht viel... der Bach, die Wolke... und dann: es war keine Wiese, aber es war so etwas Ähnliches wie eine Wiese. Dann war eigentlich nichts bis auf zwei Situationen, die zugleich begonnen haben... dann war blitzartig... die sind so gekommen und waren genauso wieder weg. Beim ersten Mal... es waren keine Kinder, eher wie Puppen, 2 Kinder, ein Mädchen und ein Bub und eine Begleitperson, die sind auf mich zugelaufen und dann war das wieder weg genauso wie es gekommen ist. Das hat mich irgendwie aufgeregt. Das mit der Flamme war nichts. Es war hell, aber es war nicht irgendwie Wärme. Die Hand ist mir eingeschlafen....

F (männlich): Ich habe auch ziemlich wenig erlebt. Ich habe hauptsächlich irgendwelche körperliche Sachen gespürt. Da sind mir halt dann mehrere Sachen gekommen... die Wolke.. ich bin gelandet da wo ich jetzt bin. Ich habe noch versucht, mich hineinfallen zu lassen, aber da war eine weiße Wand davor... Dann war es z.B. so, daß Außengeräusche, so wie man es manchmal im Halbschlaf hat... so wie wenn in der Früh der Wecker läutet, daß dann im Traum auch eine Glocke läutet. So ähnlich war es da. Wie Sie gesagt haben, wieder zurückgehen... bin ich ziemlich schnell munter worden.

Th: Wie ist das Gefühl jetzt?

F: Ja angenehm, entspannt und so....

G (weiblich): Wiese, Bach und See... das ist alles gegangen... Das Landen dann, da bin ich umeinandergegangen, da war nichts, nur grau in grau, es war nichts... Aber gespürt habe ich mit der Zeit wahnsinnig schwere Füße und dann die Hände auch noch... im Gefühl habe ich mir gedacht, ich bin irgendwie gefesselt. Dann habe ich mir gedacht, ich habe nämlich da von der Wirbelsäule aus so eine Nervenreizung da am Rücken, das tut mir narrisch weh und da habe ich immer das Gefühl gehabt, da hat mir wer einen Stich reingehaut oder irgend so was... ich habe nichts gesehen, es waren keine Bilder, es war nur grau in grau, aber gespürt habe ich das so stark. Also erstens einmal, daß ich richtig festgehalten worden bin an Füß' und Händ'... Strick...

Th: War das die Frage (die an die Therapiesitzung gestellt worden ist bzw. auf die man durch die Rückführung eine Antwort erhalten wollte)?

G: Ja, schon, mit der Wirbelsäule... Richtig gesehen habe ich nichts, ich habe das nur irgendwie gespürt, das war nur grau in grau... Da vor dem Himmelstor, das hat sich zwar geöffnet, aber ich bin nicht hineingekommen... Beim Feuer, da habe ich mir das violette Feuer vorgestellt...

H (weiblich): ... dann habe ich das Gefühl gehabt, ich lande gar nicht. Irgendwie war das eine recht düstere Landschaft. Dann habe ich das Gefühl gehabt, ich muß dort hinein. Ganz am Anfang habe ich momentan Angst gehabt... das war auf einmal weg.. das Feuer... und da war auf einmal Licht da... *(unverständlich)*... Bei der Türe da, die war offen. Ich bin unter dem Türstock gestanden, es war kein Licht, es war nicht duster, es war so diffus, dann habe ich mir gedacht, weiß ich nicht, soll ich , soll ich nicht...

3. oder 4. Sitzung, nicht datiert

2 Sitzungsprotokolle fehlen - keine Tonbandaufzeichnung.

A: Sie haben gesagt, ich soll alle Probleme konzentrieren, das habe ich gemacht – ich war sofort auf der Wolke... eigentlich bin ich gleich... vorbeigeschwebt... eigentlich wollte ich dort gar nicht hin.. dann habe ich mir vorgestellt, meine Probleme die sind so ein Ball... dann haben Sie etwas von einem Fallschirm gesagt... dann bin ich ganz langsam hinuntergesegelt mit dem Fallschirm... das war am Anfang beängstigend, dann habe ich mir gedacht, das macht nichts, ich häng eh am Fallschirm dran... ich bin endlos geschwebt... dann bin ich gelandet, eigentlich habe ich den Fallschirm ausgelassen und die ganzen Probleme (die in einem Sackerl am Fallschirm angehängt waren) sind aufgestiegen mit dem Fallschirm und ich bin unten gelandet. Dann bin ich durch die Schuld durchgegangen... es hat ausgeschaut wie ein Indianerdorf... es war aber kein Indianerdorf, irgend etwas mit dem Trojanischen Pferd. Das Trojanische Pferd habe ich gesehen, wie sie es gemacht haben. Es war alles rundherum mit so Holzpfählen umzäunt... wie man in einem Indianerfilm so die Forts sieht... so herum, ganz groß... da haben Menschen drinnen gewohnt... die Frauen gekleidet wie in Griechenland... da habe ich gelebt... und plötzlich hat das

Bild geschwenkt und ich habe mich ganz eigenartig unterm Kreuz gesehen von Christus, wie er gekreuzigt worden ist. Und da war plötzlich ein irrsinniger Schmerz da und Trauer... ich weiß nicht wie man das beschreiben kann. Und dann habe ich erlebt, wie er aufersteht und da bin ich mitauferstanden.... und wollte sozusagen da hinein in den Himmel, und es war dann sofort wieder da dieses Energiefeld, das pulsierende... das war ganz stark... dann habe ich eben dieses Feuer da mitgenommen... plötzlich war es kein Feuer mehr, sondern ein Sack voll Getreide... und ich habe immer ausgestreut aus dem Sack raus... und ich habe das Gefühl gehabt, der Sack wird nie leer, es kommt immer wieder etwas nach...

B: Also ich habe Schwierigkeiten mit meinem Kopf gehabt, Schwierigkeiten, mich zu konzentrieren.... und ich habe versucht, meine Probleme zusammenzusuchen, das war aber so vielfältig, daß ich so herumgeschweift bin, und habe dann das Bild gehabt von einem Netz, wo ich das zusammenfang... ich habe eigentlich kaum was gesehen, es ist nur ein Bild aufgetaucht ganz kurz einmal... wie ich einen mit einem Gefährt so führe, es war alles so halb *(unverständlich)*... eingesunken ist und das war wieder weg. Dann habe ich wieder Probleme mit dem Intellekt gehabt, der dazwischengefunkt hat, daß ich nichts find' und daß das eigentlich nicht ergiebig ist und auch mit dem Weitergehen auf die geistige Ebene, das hat auch nicht recht funktioniert. Ich habe das Gefühl gehabt, ich gehe eine steile Stiege hinauf und das hat dann wieder umgeblendet und ich habe dann versucht, meinen Körper abzustreifen... aber schon währenddessen habe ich das Gefühl gehabt, das bringt mir nicht den Erfolg. Ich habe eine Erwartungshaltung gehabt, die sich nicht erfüllt hat und ich bin auch ungern zurückgekommen. Ich habe jetzt das Gefühl gehabt, ich war doch weiter weg... aber irgendwie unbefriedigend...

A: *Ergänzt seine vorigen Ausführungen.* – Wie ich da runtergefallen bin mit dem Fallschirm in die Schlucht, war ziemlich eng... da haben sich so mystische Bilder ergeben, so Masken, so irgendwie wechselnd, schlechte Bilder, so wie Höhlenbilder eigentlich... Und dann, wie Sie gesagt haben, man soll die ganzen Probleme ins Feuer werfen, das war wie ein Trennungsschmerz... als ob ich es mit Gewalt herausreißen muß, so hab' ich es auch empfunden...

B: Ich hab' eher das umgekehrte Gefühl gehabt... ich habe das Gefühl gehabt, ich möchte den Körper abstreifen... ich habe das Gefühl gehabt, das Licht ist aus und wenn ich da wieder zurück hineingehe, da schließ' ich das wieder mit ein, also ich bin nicht hineingegangen, sondern eher aus mir heraus und zurückkehren wollte ich aber nicht so gern, den Körper habe ich irgendwie so abzustreifen versucht wie einen Kokon. Aber das war so kurzfristig und irgendwie eigenartig.

C: Da sind drei so verschiedene Bilder aufgetaucht... da war eines, wo nicht klar war, werde ich erdrosselt oder erdrossele ich wen. Es war so richtig im Hals eng... *(unverständlich)*... so hängen... die zweite Szene war dann... so eine Vereidigung... vor einem Bischof... dazu ist dann so eine Szene gekommen... mir ist vorgekommen, als wenn ein Messerspitz durchs Rückgrat... irgendwie eindringen würde... das ist auch so hängen geblieben und die dritte Szene, das war eigentlich mehr so mit den Pferden... wo irgendwer so drauftritt und den Körper zerquetscht. Und die geistige Ebene... habe ich das Gefühl gehabt, als wenn ich so einen elendslangen Turm aufbaue... und oben dann... wie mit einem Rettungsseil... die ganzen Sachen... man zieht und zieht... Und beim Zurückkommen war es, wie wenn ich zurückfahr... *(unverständlich)*

D: Eigentümlich, ich erinnere nie so viel... das war so... nach der Wolke kam ein Gesicht, ein schönes Gesicht, ich konnte das Gesicht nicht erkennen. Ich habe also nur den Teil, die Nase, den Mund u. das Kinn, die Ohren, aber keine Stirn u. keine Augen erkennen können... und dann fehlt mir ein Stück... da fehlt mir viel, ich weiß nicht, was da passiert ist, es war was... nur aus dem ganzen Traum heraus habe ich meine Großmutter gesehen, die hat gelacht... aber nicht freundlich, nicht fröhlich gelacht. Dann waren wir eigentlich schon beim Himmelstor... am Rückweg da habe ich das Gefühl gehabt, sind mir die Hände eingeschlafen, die sind dann wieder aufgewacht... Beim Zurückgehen, das war angenehm, wie soll ich sagen, es war gute Luft, wie wenn man durch einen Wald geht...

E: Bei mir gibt es auch nichts zu erzählen. Ich habe Schwierigkeiten mit dem Denken gehabt... Da ist es dann z.B. so, daß es mir schwer fällt, Ihnen gleichzeitig zuzuhören und Ihnen zu folgen... und wenn Sie lauter werden mit der Stimme, dann bin wieder ganz heraußen... dann habe ich versucht, ob ich so wieder reinkomme, habe versucht, mich zu entspannen... dann habe ich mir gedacht, jetzt horche ich Ihnen einmal zu... daß ich Gedanken mitnehme und daß ich das alleine mache mit der Ruhe irgendwie, daß ich besser reinkomme...

F: Also nach der Landung, da waren erst nur Bruchstücke... da war ich wieder in der Landschaft, wo ich gestern mit dem Pferd war, da war aber nichts, da hat sich nichts getan. Da habe ich den Schutzengel gebeten, er soll mich weiterführen. Da habe ich wieder nur so ein Bild gesehen mit ganz komischen Pflanzen, mit einer Vegetation, die ich noch nie gesehen habe..., war wieder weg,... Dann waren chinesische Krieger da, ganz wilde. Da habe ich nur so mitgekriegt, daß die da sind... passiert ist weiter nichts. Dann ist das aber übergegangen ins weiche, sanfte... da bin ich in China in einem Park gewesen... da war ich dann bis zum Übergang ins Geistige. Da bin ich dann auf einmal in einem Tal im Himalaya gewesen. Dort wo alle Jahr das Wesak-Fest ist... ich weiß nicht, ob Sie da schon was gehört haben... zum Maivollmond wird immer dort das Wesakfest gefeiert und da gibt es ein Tal im Himalaya, das ist ganz eng und da finden nur die hin, die hin sollen und dann weitet sich das Tal und da sind dann alle aufgestellt die großen Meister... und da erscheint dann auf einer Wolke Jesus und Buddha und da gibt es eine große Schale mit Wasser. Das Wasser wird nie leer und dort war ich dann, wie es dann ins Geistige gegangen ist... ich habe das richtig gesehen. Da war ich dann bis zum Rückflug mit der Wolke.

G: Also ich hab' am Anfang auch Schwierigkeiten gehabt... bin dann wieder in Ägypten gelandet (wie bei der letzten Sitzung am Vortag)... dann war auf einmal eine Szene, ich habe das Gefühl gehabt, es ist Moses gewesen... wie er aus dem Nil gefischt worden... ich habe mich nicht gesehen... ich habe mich irgendwie als Zuschauer gefühlt. Und dann war eine Szene, wo ich mich auch nicht gesehen habe. Komischerweise ich sehe nie den Kopf bei mir, aber die Füße... da haben sie mich gefoltert. *Weint vor Schmerzen...* Das war so arg... also ich habe mich wahnsinnig beherrschen müssen, ich glaub', ich hätt' fast geschrien. Weil ich hab' noch nie so intensiv einen Schmerz gefühlt körperlich und seelisch. *Bringt vor Tränen kein Wort mehr heraus...* dann habe ich wieder eine Szene gesehen, wieder in Ägypten. Ich weiß nicht, ob ich die Herrscherin war... jedenfalls habe ich sehr viel Macht gehabt... ich habe Leute hinrichten lassen und habe die Schreie gehört und habe eigentlich überhaupt nicht mit der Wimper gezuckt... Dann ist der Schmerz... (?) das war furchtbar... Es ist gewaltig gewesen...

Auf Fragen von Th: Ich habe immer nur diesen Schmerz empfunden, diesen irrsinnigen Schmerz, körperlich, aber noch schlimmer war der seelische Schmerz. Oben habe ich dann... da war die Tür wieder offen, das Licht... ich habe meinen ganzen... Ding (?) da reingeschmissen. Aber ich habe auch sehr viel Schmerzen... und dann habe ich noch einmal alles ins Feuer... dann bin ich selber hineingestiegen und habe es auch wieder gespürt... Dies ist stark auf mich zugetreten, hat mich zuerst stark belastet und dann ist irgendwie weggegangen...

F: (nach unverständlicher Bemerkung von E) Mit dem alten Mann habe ich eigentlich weniger anfangen können. Das ganze war für mich wie eine Sonne, so alles hell. Dann habe ich nachgedacht, was hat mir eigentlich das Leben gebracht... obwohl es so vom Materiellen her schwierig war, habe ich in diesem Leben auf den geistigen Weg gefunden.

G: Ich habe an und für sich Schwierigkeiten gehabt jetzt zum Konzentrieren, und ich habe im großen und ganzen mehr im Körper die Gefühle gehabt... Es ist mir schon der Gedankenblitz gekommen: meine Wehwehchen sind dazu da, die Abhängigkeit, wo ich so gerne unabhängig bin, wo ich nichts brauch' und nichts nimm. Und das zweite war – die Liebe.

5. Protokoll

Paartherapie (Ehepaar)
Protokoll der beiden Patienten: M(ann) und F(rau)

1.Sitzung:

F: Venedig. Gefühl der inneren u. äußeren Kälte (komme mit diesem Bild nicht weiter). Dann Bild in England: liege im Bett und habe das Gefühl, vergiftet worden zu sein. Schwebe über meinem Bett und meinem Körper. Soll zurückgehen und mir den Grund ansehen. Sehe ein Fest und trinke dabei den vergifteten Wein. Sitze auf der linken Seite des „Königs". Rechts sitzt meine „Schwester". Habe das Gefühl, als liebt sie diesen Mann. Hat auch ein Kind mit ihm, einen Jungen. Ist er ihr oder mein Kind? Kann es nicht erkennen. Dieser Mann will mich zur Geliebten. Empfinde dabei Haß und Abscheu, aber er hat die Gewalt. Ich kann nicht erkennen, wer er ist, habe aber nicht das Gefühl, als ob er mein tatsächlicher Vater ist. Möchte weg von dieser Szene und „nach Hause" fahren. Nehme eine Kutsche und fahre heim mit „meinem" Kind. Möchte Ruhe und Frieden.
Geistige Ebene:
Hänge zu sehr im Seelischen. Komme aber in das „Zwischenland". Kann deutlich Temperaturunterschied spüren zwischen Seele und Geist.
Umwandlungsfeuer: War relativ weit heraußen.

2. Sitzung:

Haushalte etwas mit meiner seelischen Energie, um mehr Kraft für die geistige Ebene zu haben. An meine seelischen Bilder kann ich mich nicht mehr erinnern wohl aber an geistige. Dreieck- ständig wechselnd in Farben, Formen. Bevor diese (geometrischen!) Figuren (Archetypen?) kommen, höre ich Musik. Wie ein Schlag auf Triangel, klingt aber wie tausende Glöckchen. Wunderschönes, unverständliches Bild.

3. Sitzung:

Frage der Schuld: Es gelingt mir, sofort ein Bild entstehen zu lassen. Kinderheim mit vielen Kindern. Magdalena (4 jährige Tochter d. F.) ist mein Lieblingskind. Bin sehr streng, da ich alle diese Kinder alleine

erziehen muß. Aber es muß keines hungern und es ist mir noch keines gestorben. Fühle die eigene Härte. Erkenne auch eigene Kindheit. Vater hat mich immer geschlagen und er war immer betrunken. Mutter war zu schwach, hat alle Demütigungen immer ertragen. Mußte immer hungern. Ist ihr ein Kind verhungert oder gestorben? Mir passiert das nicht.
Im geistigen Bereich sehe ich immer Dreiecke, ständig sich ändernde Pyramiden, die sich auch drehen.
Tollstes Bild. *Zeichnet Dreieck mit Lichtkugel innen.* Eigenartigerweise kam Licht erst 3 Tage später in mein Bewußtsein. Vorher (vor diesem Bild) sehe ich Jesus als starres Monument.

4. Sitzung:

Ist es Griechenland? Sehe einen Hafen. Bin in einer Gasse. Komme aus einem kleinen Haus mit meinem Onkel, der auf Esel sitzt, hat 3 Schriftrollen unter seinem Arm. Wir gehen zum Gebetstempel. Ich darf nicht hinein, da ich noch zu klein (jung) bin. Warte vor dem Platz. Fremder kommt mit Wanderstab, trinkt am Brunnen, sieht mich an. Es geht eine starke Kraft von ihm aus. Er malt Zeichen (unendlich: liegende Acht) in den Boden. Männer kommen heraus. Es wird heftig diskutiert. Dabei geht es um Jesus, ob es ihn gegeben hat. Er (Jesus) wird aber nicht beim Namen genannt, sondern immer umschrieben. Randi (ihr Mann) befindet sich auch darunter. Treffen hört sich auf. Mann geht mit uns essen nach Hause und mein Onkel und ich begleiten ihn dann zum Hafen, da er weiterfahren muß. Onkel legt Hand auf meine Schulter. Habe jetzt nachträglich das Gefühl, wie wenn es mein verstorbener Opa gewesen wäre.
Im geistigen Bereich treffe ich Jesus, der sich in Gott auflöst. Habe das Empfinden, die Bergpredigt... So nahe war mir Gott noch nie.

5. Sitzung:

Bin im seelischen Bereich sehr ungeduldig. Alter weiser Mann. Frage ihn, was ich tun soll: Antwortet: „Wer Augen hat, der sehe, wer Ohren hat, der höre." Gehen weiter zu Jesus. Er sagt: „Sei wie der Wind!". Das verstehe ich bis heute nicht. Josef, kannst du es mir erklären?
M: *Bruchstückhafte Aufzeichnungen von ihm.*

– Goldene Getreidekörner.
– Goldfaden durch alle Ebenen.
– Weiße Eule.
Feuerloch, Vögel oder Fledermäuse – nehmen Körperseele auf und fliegen damit übers Feuerloch. Dort Läuterung, feiner Schleier, Taube steigt ins Licht.
(Vgl. 1. Sitzung von F:)
Lena, Frau von Venedig. In Venedig, Rialto Brücke, relativ karges Haus, Frau kniet am Betschemel, hl. schwarzes Gebetbüchl, geht über Holztreppe hinauf, oben krankes Kind mit Pflegerin.
– Später Jüngling bei höfischem Tanz und Degenfechten. Onkelstrenge, herzlose Erziehung.
– Heute Frau am Hügel, Karawane, Brotbacken.
– Später im Weltraum Gefühl der Weite aber nicht verloren oder verlassen.
– Körperliches Gefühl des Aufschwellens der Arme und des Brustkorbes (leicht und dick).
– Bei Übung Übergang von Seele zu Geist Gefühl des Überwindens eines Widerstandes, sodann ungewolltes Heben der linken Hand und des Unterarms.
– Prinz reitet aus Schloß, sieht vorher Gelage und sieht mit Abscheu den Leuten zu. Reitet zu einer Lichtung, verliebt?
– Kleiner Fisch im Wasser, später größerer Fisch oder Hai.
(Vgl. 4. Sitzung von F!)
– Am Kai Mann im weißen Gewand hält anderen Jungen an der Schulter und blickt Schiff nach; andere Männer stehen weiter hinten; später erregte Diskussion der Männer mit Mann (Apostel?) über Jesus, ob es ihn gegeben hat oder nicht.
– Beduinenscheich im Wüstenzelt (Zelt mit Teppichen ausgelegt), hat zu Leuten gesprochen.

F: Gespräch am 24. 1. 90:

Th: Wie siehst Du heute diese Erfahrungen mit der Evolutionstherapie (Gruppen- und Paartherapie):
F: Es hat mir eigentlich sehr viel gebracht.
Th: Was?
F: Es ist viel Energie frei geworden, die ich jetzt zum Positiven verwenden kann. Wenn man jemanden nicht leiden kann, jemanden ab-

lehnt, kostet es viel Energie, diese Haßgefühle aufrecht zu erhalten. Es waren große Haßgefühle gegen meine Verwandten da, die sich gelöst haben.
Meine Hautallergien haben sich gelöst.
Gelernt habe ich sehr viel, sowohl auf der emotionalen als auch auf der intellektuellen Ebene.
Die Paartherapie (mit Ehemann) war wesentlich intensiver und dadurch viel anstrengender als die Gruppentherapie (mit vielen Teilnehmern, ca. 7). Die Ehe hat sich verbessert, das Verständnis des Ehemanns für mein Tun ist größer geworden.
Beim Ehemann hat sich das Kreuzweh gelöst.
Man sollte es nicht „Therapie" nennen, denn „Therapie" hat den Beigeschmack von Kranksein. Man sollte es „Selbsterfahrung", „Selbstverwirklichung" nennen. Die „innere Ehrlichkeit" ist größer geworden, was zur Folge hat, daß man ehrlicher und freier anderen gegenüber wird.
Th: Würdest du diese „Selbsterfahrungsmethode" jedem weiterempfehlen?
F: Ich würde es jedem weiterempfehlen, der auch nur einen Funken Verständnis dafür aufbringt. In erster Linie lernt man, zuzulassen, was mit einem selber geschieht, und daß man das akzeptiert und daß man dadurch auch die Meinungen anderer Leute mehr zulassen kann.
Th: Wofür ist die Evolutionstherapie gut?
F: Es ist schwierig, weil jeder seine eigenen Probleme hat und seine eigenen Konflikte zu bewältigen hat. Vielleicht kann einer gut zulassen von Haus aus und muß vielleicht etwas anderes lernen.
Außerdem hat sich mein Weltbild und meine Weltsicht verbessert und vergrößert.
Th: Wie war es vorher und wie ist es jetzt?
F: Das Weltbild war eher auf mich selbst konzentriert, von mir aus gesehen. Jetzt ist es globaler irgendwie. Es ist eher so, daß ich jetzt begreife, daß ich nur ein Tropfen im unendlich weiten Meer bin.
Th: Wirkt sich das positiv oder negativ auf das Selbstbewußtsein aus?
F: Sehr posititv, weil eigentlich die Hoffnung größer geworden ist. Es ist schön zu wissen, daß man ein Tropfen ist, daß man wieder eins wird, wenn es soweit ist... mit der Weltseele, daß man eingeht in die Weltseele...
Ich habe in diesen Sitzungen gelernt, daß sich die Seele frei bewegen kann. Die Beweglichkeit der Seele ist um einiges größer geworden.

Die Bewußtwerdung, die praktische Erfahrung habe ich da gemacht, daß die Seele ohne Körper auch erlebnisfähig ist.
Th: Wie unterscheidet sich diese Erlebnisfähigkeit von der normalen?
F: Erstens einmal: wesentlich intensiver. Die Erfahrung bei den Beduinen in der islamischen Religion war sehr hierarchisch, aber die Angst vor dem körperlichen Tod war nicht da. Der Tod war eher eine Verwandlung als wie der Tod, den wir erleben oder kennen (im Christlichen). Darum verstehe ich die Iraker besser, weil ich mich in ihre Situation besser hineinversetzen kann.
Th: Was war das Wichtigste, was Du in diesen Sitzungen gelernt hast?
F: Das Wichtigste war, daß ich erfahren habe, daß Jesus mich liebt.
Th: Wie hast du das erfahren? Hast du das vorher noch nicht gewußt?
F: Nein. Ich habe einen Traum gehabt (im Anschluß oder ausgelöst durch die Sitzungen), in dem Jesus mir sehr nahe war und mir seine Hände aufgelegt hat zum Zeichen seiner Liebe.

6. Protokoll

Paartherapie

Grundlage: Tonbandprotokoll, niedergeschrieben bzw. von der Kassette abgeschrieben durch das Ehepaar selbst.

„Unser Kosmisches Erlebnis“ – Sitzung am 20. 2. 89:

Th: Ja, einfach den Körper genau betrachten, also ganz genau wahrnehmen, jede Zelle gleichsam, beginnend mit den Fußsohlen – wir wissen, wie wichtig die einzelnen Zellen sind, wieviel sich in einer Zelle abspielen kann – einfach anschauen, wie so ein kleines Männlein, das jetzt dieses Haus (Körper), diese Startrampe genau betrachtet, so im Bewußtsein, daß es dann genau weiß, wo man wieder zurückkehrt, in welches Gehäuse – gehen einfach durch, schaun uns den Fuß gleichsam von innen an, betrachten den Fuß von innen, die Haut, die Muskeln, die Blutgefäße, die Nerven, einfach anschaun, betrachten, wie es ist, also nicht ändern wollen, wenn die Füße kalt oder unangenehm sind, einfach so lassen wie sie sind, wie ein neutral-wissenschaftlicher Geist den Körper so betrachtet mit einer gewissen Neugierde, so als ob man ihn zum ersten Mal sehen würde – gehen von unten nach oben einfach diesen Körper durch: Fußsohlen, Füße – vielleicht ganz leicht bewegen, sodaß wir die einzelnen Partien besser wahrnehmen oder registrieren können, fühlen können, oder wahr-nehmen, die Wahrheit, die Gegebenheit, die Realität dieses Körpers einfach annehmen. Wir gehen weiter herauf, einfach die Unterschenkel wahrnehmen – Haut, Muskeln, Knochen u.a. – und wir gehen dann durch die Röhren der Knochen einfach durch diesen Fuß herauf, die Knie betrachten – wir wissen, wie wichtig die Knie sind, damit wir uns bewegen können – einfach mit einer gewissen Dankbarkeit, mit einem dankbaren Gefühl (es ist nicht so selbstverständlich, daß so etwas funktioniert), einfach mit einem dankbaren Gefühl diesen Körper betrachten, daß er so wunderbar gebaut ist und so wunderbar funktioniert; wir gehen weiter die Oberschenkel herauf – einfach wahrnehmen, spüren, voll bewußt erleben, so ganz weit, wir werden auch ein bißchen ausdehnen diesen Körper so als einen Riesenmenschen, quasi als einen kosmischen Menschen – wir wissen, daß in einem Körper der ganze Kosmos auch abgebildet ist oder wie Lorber sagt, daß der ganze Kosmos ein riesiger Mensch ist, ein geistiger Mensch, ein kosmischer Mensch, – versuchen wir das zu spüren, diesen kleinen materiellen Körper auszudehnen bis zu diesem kosmischen Menschen. Wenn wir die Reise dann machen, können wir auch innerhalb des Körpers, innerhalb dieses Kosmos einfach diese Reise antreten, in den Körper dann den eigenen Kosmos hineinkreisen, die eigene Welt...Wir gehen weiter herauf: die Oberschenkel, Gesäß – einfach durchgehen, spüren, wahrnehmen – die Kreuzgegend (ganz wichtiger Niederschlagspunkt, ein Zentrum, wo sich sehr viel niederschlägt auch von früheren Inkarnationen, frühere Erfahrungen, Aufzeichnungen, somatisierte Aufzeichnungen als Verspannungen, – einfach genau registrieren und wenn wo Verspannungen sind, einfach versuchen, ein bißchen zu lockern bzw. sich oder seine Seele loszu... – durch ganz kleine Bewegungen versuchen loszureißen oder loszulösen, einfach spüren, wo die Seele im Körper quasi angepickt oder festgenagelt ist, wo irgendwo Probleme sind, da ist die Seele dann festgebunden... und versuchen, durch leichte Bewegungen und Entspannung und Loslassen die Seele langsam zu lösen, damit sie sich langsam aus dem Körper wie aus einer Schale befreien kann, so sich loswinden, eigentlich aus seinem Körper, ganz vorsichtig, ganz leicht, sachte sich dort, wo sie hängt, und das sind dort, wo die Schwachstellen sind, wo die Niederschläge auch von früheren Inkarnationen sind, die Erfahrungen, die sich dort verdichtet haben: da versuchen, sich loszuwinden, ganz systematisch überall im Körper durchgehen und schauen, wo man noch pickt, wo man festhängt; da sich durch ganz leichte Bewegungen von innen her quasi loswinden, daß man das Gefühl hat, man wird immer freier und freier: ganz von unten her durchgehen den Körper, sich überall losreißen, loslösen, fallen lassen (fallen lassen oder hochsteigen ist beides dasselbe), immer leichter werden, also immer dem leichteren Gefühl nachgehen. Gleichzeitig kann man auch das Gefühl haben, daß der Körper schwerer und schwerer wird, das „Ich" selber oder die Seele immer leichter und leichter wird, sich immer mehr vom Körper löst. Aus allen Partien: aus den Fingern herauslösen, aus der Wirbelsäule, gleichsam aus dem Rücken, aus der Haut, aus den Knochen – daß sich die Seele immer mehr löst, aus den Schultern löst (auch ein Punkt, wo die Seele gern festhängt), versuchen, die Schultern leicht zu bewegen und einfach sich loszuwinden, loslassen, fallenlassen – oder steigen, in immer leichteres Gefühl hinein sich fallen lassen, den Hinterkopf herauf, Nacken, einfach spüren, wahrnehmen – wenn ich's wahrnehme, dann löse ich mich ja schon, dann geh' ich schon in Distanz zu dem, was ich eben da wahrnehme, ich sehe quasi den Körper dann immer mehr von innen oder auch von außen, von oben... Ich distanziere mich immer mehr vom Körper, d.h. die Seele zieht sich immer mehr aus dem Körper zurück bzw. löst sich aus dem Körper heraus bis sie ihn dann vielleicht sogar von oben liegen sieht. So lösen wir uns langsam aus dem Körper heraus, auch aus dem Kopf – schauen ob ich da noch irgendwo hänge, im Gesicht vor allem, in den Augen, wo die stärkste Verbindung mit der Seele ist, der Ausdruck im Gesicht, dort, wo sich die Seele also am stärksten ausdrückt, wo sie am meisten gebunden ist (Haut, Mimik, Gestik) – suchen wir auch da uns herauszulösen, daß wir den Körper mehr als Oberfläche, als Haut oder als Gehäuse, wie ein Schneckenhaus hinter uns lassen, die Schnecke sich langsam aus dem haus herausbewegt, ganz langsam und vorsichtig; – können dann die Bilder oder eben auch Gefühle benützen, um dann tiefer in diese seelische Welt hineinzukriechen oder herauszukriechen, wie die Schnecke das Gehäuse immer mehr hinter uns lassen, die materielle Hülle, die eben an Raum und Zeit gebunden ist. Wir gehen immer mehr in die seelische Ebene hinein und bitten unseren seelischen Führer, unseren Schutzgeist, daß er uns begleitet und beschützt. Wir wissen, daß diese Reise nicht ganz ungefährlich ist, daß es viele Ablenkungen, Täuschungen, Verwirrungen, Verirrungen gibt. Wir wollen einen Weg gehen, der der Entwicklung unserer Seele dient, der unsere Seele weiterbringt und nicht aus bloßer Neugier quasi uns vielleicht zurückwirft in der Entwicklung. Wir wollen also einen Weg suchen, der unsere Seele weiterbringt, der vielleicht im Moment für mich die wichtigsten Erkenntnisse bringt. Wir bitten also unseren Schutzgeist, daß er uns da führt, begleitet, beschützt und uns den Weg führt, der unsere Seele am stärksten weiterbringt im Moment, unsere seelische Entwicklung also fördert und nicht behindert, nicht belastet. Ja, wir vertrauen uns seiner Führung an, auch wo er uns hinführt, wir können unsere Motive darlegen, offenlegen, unsere Wünsche, auch eben vielleicht Gedanken, was nach dem Tode auf uns zukommt, die Sphäre, – und daß von dieser Sicht dann Einblicke oder Einsichten, Erkenntnisse auf dieses Leben oder auf die Zeit, die uns noch zur Verfügung steht in diesem Leben, daß das irgendeinen positiven Einfluß auch hat; daß wir irgendwelche Erkenntnisse gewinnen aus der Perspektive von drüben, daß wir irgendeine Aufgabe, die wir noch zu lösen haben, besser erkennen, besser ausführen können. Wenn wir auf dem einen Weg der Bilder nicht weiterkommen, dann die Gefühle einfach wahrnehmen und umgekehrt. Aber beide Wege ineinander oder nebeneinander einfach gehen, sich einfach einlassen, wie ein kleines Kind jetzt in dieses Märchen oder diese Phantasiereise einfach einlassen, die Kritik, den Verstand ein bißchen beiseite lassen, uns nicht beherrschen, bzw. seine Einwände einfach so annehmen und uns nicht zurückhalten lassen, einfach annehmen, was frei spontan auftaucht, und wenn's noch so zufällig oder eingebildet ist. Wir lassen uns immer mehr einfach auf diese Ebene, auf diese Traumebene, Phantasieebene, Märchenebene ein und versuchen einfach zu schauen, ganz naiv und mit kindlicher Neugier, mit kindlichem Vertrauen, das einfach, wenn man ein Märchen vorliest, sich einläßt auf diese Märchen und hineinlebt – oder wie ein Film, ein Märchenfilm, der gedreht wird, den ich selber von mir gedreht habe und drehe im Moment und langsam schaue, wie diese Bilder langsam zustandekommen. Ich sehe die Bilder zuerst von außen und dann immer mehr von innen, steige quasi in diese Bilder ein – und so steigen wir einfach wieder in ein Standardbild ein; es ist die Wiese. Einfach einsteigen in diese Wiese durch ein Fenster, durch eine Tür und über diese Wiese spazieren und wir gehen da einfach in immer feinere Ebenen, immer ätherischere Ebenen hinein. Zuerst spüren wir den festen Boden unter uns, wenn wir da gehen über die Wiese, schauen, wie er beschaffen ist, ob Gras oder Schnee, ob es warm oder kalt ist, das Wetter, einfach uns einlassen in diese Wiese, in diese Seelenlandschaft, wie sie immer spontaner in uns einfach auftaucht wie aus der Tiefe, wie aus einem Brunnen, der von selber immer mehr sprudelt- und wir lassen einfach diese Quelle sprudeln, diese seelische Quelle, die Bilder und Gefühle in uns hervorbringen, ganz von selber, immer mehr von selber. Am Anfang muß ich ein bißchen mitmachen oder mithelfen, dann fließt diese Quelle von selber. Laß diese Bilder also fließen, auch die Gefühle fließen, wir gehen über die Wiese, bis wir zu diesem Fluß oder diesem Bächlein kommen, wo das Seelische immer deutlicher fließt. Wir gehen diesem Bächlein entlang bis es uns vor das Wasser führt- immer tiefere seelische Ebene. Wir stehen am Ufer eines kleinen Sees, sehen ein Boot am Ufer, steigen in das Boot ein und rudern über das Wasser und spüren, wie die seelische Ebene des Wassers uns einfach trägt. Wir lösen uns von diesem festen Land, dem Festland, der Erde und Materie immer mehr ab und lassen uns einfach auf die seelische Ebene ein, uns hineinführen von diesem Boot. Und dann lassen wir einmal die Ruder, wenn wir auf dem See sind, und versuchen uns noch mehr mit vollem, kindlichem Vertrauen immer mehr feineren, ätherischeren, nebelhafteren, nebulöseren, unschärferen Ebenen anzuvertrauen, uns von der materiellen, sicheren Basis in immer unsicherere, unfaßbarere, unsichtbare Ebenen hineinzubegeben. Wir lassen also eine Wolke quasi als Gefährt, als unser Reisevehikel, als Taxi oder als Rakete herniederkommen auf unser Boot, steigen auf die Wolke auf und benützen die Wolke, um in andere seelische Dimensionen, in andere seelische Ebenen hineinzufahren. Wir sitzen auf der Wolke und fahren mit der Wolke langsam nach oben. In Begleitung unseres Schutzengels, unseres Schutzgeistes, unseres seelischen Führers fahren wir mit der Wolke immer weiter nach oben. Die Wolke trägt uns also immer weiter nach oben, wir spüren, wie wir immer leichter und leichter werden. Immer weiter führt uns die Wolke nach oben, bis sie dann wirklich oben bei den Wolken ankommt. Und wir steigen oben bei den Wolken aus; wir gehen also in eine Dimension hinein, die uns nach diesem körperlichen Tod begegenet, wenn wir diesen Körper zurücklassen so wie jetzt auf diesem Boot quasi wir unsern Körper zurücklassen, und unsere Seele mit Flügeln – oder eben auf dieser Wolke – nach oben steigt. Unsere Seele hebt sich also auf dieser Wolke immer weiter nach oben in Begleitung unseres Schutzengels und hebt sich hinein in eine Dimension, die wir nach dem Tode betreten, in die seelische Welt, ins Jenseits, in die jenseitige Ebene (das Jenseits ist ja nichts anderes als die seelische Ebene), wenn wir unsere materielle Hülle abgelegt haben. Wir gehen also in der Zeit voraus gleichsam bis nach unserem Tod durch diese Hülle des Körpers durch, wir lassen die Hülle des Körpers zurück und betreten eine Ebene, die wir nach unserem Tode, nach dieser Inkarnation, betreten. Unser Schutzengel führt uns hinein in eine Ebene, die wir nach dem Tode betreten, einfach in diese jenseitige seelische Landschaft, die uns nach unserem Tode begegnen wird. Wir wissen in unserer Seele schon von dieser Landschaft, für die Seele gibt es nämlich keine Zeit – da ist auch die Landschaft nach dem Tode schon jetzt im Moment gegenwärtig. Wir treten in diese seelische Gegenwart eben ein, in diese eigenartige Zeit der Seele, diese Dimension, die sie nach dem Tode betritt, wenn sie die materielle, physikalische Zeit, den materiellen, physikalischen Raum verläßt, um in seelische Dimensionen, den seelischen Raum, in eine seelische Zeit, eine seelische Landschaft, seelische Entwicklung hineintritt, hineingeht; und wir gehen mit einer Frage hinein, daß wir eine Antwort bekommen, einen Hinweis bekommen, wie wir die Zeit, die uns jetzt in diesem materiellen Leben noch zur Verfügung steht, am besten nützen können für unsere seelische Entwicklung; und nicht nur für unsere seelische Entwicklung, sondern auch für die Menschen, die uns noch begegnen, daß wir denen auch in ihrer Entwicklung weiterhelfen können. Aus dieser Perspektive oder mit dieser Frage versuchen wir in diese Dimension jetzt hineinzutreten. Unser Schutzengel begleitet uns einfach hinein. Wir steigen dann von der Wolke ab, die uns da hinaufgeführt hat in diese seelische Ebene und gehen einfach langsam hinein und versuchen uns ganz langsam anzupassen, auch unsere inneren seelischen Wahrnehmungsorgane zu öffnen, um diese Dimensionen, diese Landschaft, diese Bilder, diese Gefühle, die da auftauchen, oder Menschenwesen, die uns da begegnen, wahrnehmen zu können. Wir bereiten uns langsam von innen her auf diese Wahrnehmung vor, öffnen ganz langsam diese inneren, seelischen Wahrnehmungsorgane: die Haut am Anfang, die Oberfläche, die seelischen Augen vielleicht noch geschlossen lassen – versuchen uns einfach anzupassen und einzufühlen wie ein neugeborenes Kind. Es ist eben auch der Tod eine Geburt, ein Eintreten in diese seelische Landschaft, diese seelische Ebene, in dieses Jenseits quasi. Wir versuchen ganz naiv einfach zu betrachten, was da auf uns zukommt- ohne es zu beurteilen. Einfach annehmen, was da kommt. Wir nehmen die äußeren Geräusche auch wahr, konzentrieren uns aber jetzt auf die innere Welt, auf diese seelische Welt, die ja jetzt schon in uns ist und die wir jetzt quasi hinter diese Wolke hineinprojizieren, wie einen Film, den wir uns da anschauen. Und jetzt einfach aussprechen, was da auftaucht. Wer irgendein Bild hat, beginnt einfach, vielleicht ist ihm möglich, daß eine gemeinsame Reise, ein gemeinsames Erleben dieser seelischen Welt nach dem Tode... versucht einfach, diese Gemeinsamkeit, einen gemeinsamen Weg dort zu finden, oder was ihr gemeinsam dort erleben könnt. Einer beginnt einfach, der irgendein Bild, ein Gefühl, das erste Bild, das auftaucht, einfach packt und ausspricht, bis sich langsam eine Gestalt, ein Film, ein Puzzle praktisch zusammenstellt, ganz naiv, einfach so wie in einer freien Assoziation einfach alles aussprechen, was da auftaucht, bis wir immer tiefer in diese Landschaft hineinkommen, sich langsam eine Gestalt, ein Sinn ergibt aus dem Ganzen. Nur ganz langsam sich einleben praktisch, einfügen, spüren, wo ich da gelandet bin, ob's warm oder kalt ist, naß oder trocken- und sich langsam, langsam immer tiefer hineinleben in die Situation, die jetzt auftaucht, sich langsam hineinführen lassen in diese Welt- irgendwo kommt sie uns ja bekannt vor, sie ist ja nicht ganz neu, wir tragen dieses Wissen schon jetzt in uns, es ist ja zeitlos. Es spielt also Vergangenheit und auch Zukunft keine Rolle, wir können es jetzt gegenwärtig erleben. Einfach einlassen und aussprechen und durch das Aussprechen einfach immer tiefer in diese Ebene hineingehen. Ganz egal, was es ist, einfach aussprechen.

F (Ehefrau): Ich möchte vielleicht nochmal vom Körpergefühl ausgehen, das ja noch da ist: daß meine linke Seite etwas tiefer, gelöster und entspannter ist – liegt – vielleicht auf der Wolke – und daß meine rechte Seite, die ja auch einseitig eigentlich immer die schmerzhafte Seite ist, daß die nun höher liegt und irgendwie nicht so gelöst, sodaß ich versuchen muß, die beiden erstmal in Einklang zu bringen, daß sie total loslassen – und es schießen ab und zu diffuse Lichtflächen ein – von rechts...

Th (Therapeut): Gut, versuch einfach, in so eine Lichtfläche hineinzugehen, um zu schauen, was sich dort dann für beide Körperhälften tut. Die rechte Hälfte bedeutet ja auch die Zukunft – und vielleicht ist die besonders angesprochen und aktiviert auf diese Frage hin: was die Zukunft – eben die Dimension nach dem Tode – dann bringt. Einfach beobachten, was sich dann in beiden Körperhälften tut, richte Dich einfach auf diese Lichtfläche, auf diese Lichtpunkte, die dort vorbeiflitzen – einfach versuchen, mal hineinzuspringen, mitten in so einen Punkt, wie in eine Kugel hineinspringen und schauen, was darin zu finden ist. welche Bilder oder Gefühle dann da auftauchen – und den Körper immer beobachten, was sich tut...

F: Unten ist noch die eine Wolke – nein, wie eine Bergkette, so wechselnde Formen von völlig abgerundeten dunklen Bergen, die in dieses Licht noch einblenden. – Das Licht ist auf den Wolken, die dann auch kommen und wieder weggehen... Es fängt jetzt an zu wachsen, wabern, es wabert sozusagen... es hebt sich so nach oben ab, schwebt wieder runter, es ist weiß, manchmal nimmt es Formen an wie so ein Embryo, es schwebt jetzt etwas von rechts nach links, vorwiegend passiert es auf der rechten Seite, wendet sich wie eine Wolke, die man dann von beiden Seiten angucken kann, kommt wieder von unten herauf...

Th: Ja, versuch Dich ganz einzuleben, bis du dann deutlichere Szenen mit der Zeit wahrnehmen kannst in dieser Welt. Einfach versuchen, dich auf diesen Film, auf diese Geschwindigkeit quasi einzustellen, bis du dann die Bilder immer deutlicher, immer konkreter entziffern kannst, eine andere Welt, ein anderer Film, andere Geschwindigkeit, andere Zeit, andere Wahrnehmung. Immer mehr versuchen, sich einzulassen und anzupassen, so ähnlich wie wenn man sich die Augen reibt und schaut dann bis das wieder klar wird...

F: Also der Beginn eines anderen Aggregatzustandes sozusagen...

Th: Ja, versuch immer mehr hineinzugehen, dich immer mehr anzupassen, ganz langsam...

F: Wie Wasser zu Dampf wird und in diesem Übergang bin ich noch...

Th: Ja, das ist genau dieser Zustand. Versuch dann in dem Zustand langsam dann Dinge, Einzelheiten, Szenen, Bilder, Gestalten oder irgend etwas zu erkennen, quasi immer näher hingehen auf diese Welt, immer näher herangehen und die Dinge dann aus der Nähe betrachten. Es bleibt immer so in diesem Übergangszustand- es ist ein Übergangszustand, ein nebulöser, wässriger Zustand. Versuch einfach, immer näher hinzugehen, bis du immer näher Formen, Gestalten, Umrisse erkennen kannst, ganz drinbleiben, ganz einlassen... Gell, Thomas, – wo bist du denn?

M (Ehemann): Ja, ich hatte mein Ich schon nicht ganz aus dem Körper herausgelöst nach der Wanderung durch den Körper- war jetzt so in der Erwartung der Dimension, die ich schon einmal erlebt hatte; aber andererseits fühle ich dann wieder sehr deutlich und sehr wohlig(!) den Körper hier liegen und ich hab' eigentlich doch noch nicht ganz diese Loslösung vollzogen. Ich würde am liebsten den Körper mitnehmen, hab' ich das Gefühl...

Th: Nein, ein Teil des Bewußtseins bleibt ja im Körper...

M: Ein Teil des Bewußtseins bleibt sicher da- und diese Teilung oder das... hab ich im Augenblick noch nicht. Ich bin doch im Grunde- trotz der Vorstellung, herausgelöst zu sein, spüre ich andererseits doch noch so deutlich meinen Körper, daß ich glaube, daß ich das doch noch nicht vollzogen habe...

Th: Nun, laß ruhig diesen Teil des Bewußtseins im Körper, auch dieses wohlige Gefühl...

M: Auch dieses Schweregefühl, das ist alles sehr wohlig...

Th: Das bleibt auch, kann ruhig bleiben. Das kann sogar deutlicher werden und gleichzeitig kann ein Teil im – wenn's am Anfang nur ein ganz ein winziger Teil ist, den man quasi so als Spion oder als Vorboten hinausschickt in die seelische Welt – kann ruhig der größere Teil im Körper bleiben, wir schicken nur eine Filiale gleichsam in dieses Weltall, in dieses innere Weltall hinein, ein kleines Kind eben von diesem Körper-Ableger: und schauen diese Welt an, so wie man einen Satelliten vom Körper aus startet, um diesen Raum zu erforschen. Und diesen Teil des Bewußtseins lassen wir eben da hinein in die Wolke und versuchen, unsere Konzentration, unsere Aufmerksamkeit zu verlagern. Wenn's auch nur ein kleiner Teil ist, durch den wir das betrachten, wie durch ein Fernrohr vielleicht...

M: Im Augenblick habe ich den Eindruck, je mehr ich das versuche, umso deutlicher, schwerer und auch wohliger wird das Körpergefühl...

Th: Ja, das macht nichts, das ist richtig...

F: Ich hab' wieder so die wabernden Kreise, so aus einer umrundenden Dunkelheit hebt die sich so ab – ein größerer Kreis, hell, schwebt zur Mitte und entfleucht sozusagen. Und das sind so... also ja, es ist aufgelöstes... es hat ein bißchen Schimmer jetzt nach rosa hin, es ist eine Luftatmosphäre also und ich spüre – genau wie Thomas auch – dieses wohlige Liegen des Körpers, auch noch weiter die unterschiedliche Lagerung, als wenn ich schräg läge rechts höher als links, durchaus auch ein kleines Schmerzgefühl manchmal im Bein, wie ich es... zwischendurch war ich schon mal etwas weiter weg. Jetzt bin ich wieder etwas zurückgekommen... Dieses Wabern hat jetzt gelbliche Töne, wie manchmal auch so Blätter vom Rauch, die sich wenden und dann im Wind spielen und jetzt wieder gelb sich drehen, die sozusagen sich der Sonne zuwenden und dann so abflappen nach rechts als ob sie da... als ob ich selbst ein Globus wär' und um diesen Globus rundum segeln müßte...

Th: Gut, wir könnten vielleicht versuchen noch uns diesem immer mehr zu nähern mit einem Teil unseres Bewußtseins, vielleicht auch über eine Art persönliche Beziehung, seelische Beziehung, über ein Gefühl zu irgendeinem Menschen, der in dieser Sphäre ist, also irgendein Verstorbener, vielleicht ein gemeinsmer Bekannter oder Freund, wohin irgendein seelischer Faden hingeht, ein Zug oder ein Magnet, eine seelische Beziehung. Die kann uns helfen, vielleicht dorthinzuziehen, die uns durch die Wolken quasi anzieht, wie so eine Schwerkraft, die uns eben am Körper, an der Erde festhält- ein Teil unseres Bewußtseins jedenfalls- können wir vielleicht versuchen, wenn es irgend jemand gibt, der dort eben eine Anziehungskraft ausübt auf mich, dies benützen als Hilfe, so quasi als ob diese Seele mehr von dort aus mir ein Seil entgegenwirft, an dem ich mich festhalten kann und mich hinaufziehen kann, damit ich leichter dort landen kann. Die Schwerkraft eben dieser seelischen Welt, daß mir die hilft dann gegen die Schwerkraft der Erde, des Körpers... herauszuheben quasi.....

M: Ich bin jetzt mit dem freien Teil meines Bewußtseins im Kosmos, im ganzen, großen Kosmos, im Weltraum, wenn Du so willst,- und dieser Kosmos ist mein Körper. Mein Körper ist das Ganze und ich bin darin. Ich bin ganz frei darin und kann mich ausdehnen und kann das Ganze übersehen. Ich bin da nicht allein, ich hab einen Mitreisenden, das ist Herta. Wir beide sind in diesem ganzen kosmischen Körper – ob dein Körper oder mein Körper- wir füllen eigentlich den ganzen Kosmos aus.. und in diesem Gefühl bin ich jetzt...

Th: Ja, ganz hineingehen in dieses Gefühl.

F: Ich meine jetzt, wenn diese Schwingen von Atmosphäre kommen, diese hellen Stellen, die mich immer wieder so anziehen, dann sind es wie Schwingen und – das glaub ich – wie Engelsflügel; das sind eigentlich Engelsflügel, wie wir sie aus Bildern kennen, diese Schwingen von Licht, die da durch das All schwingen und die, glaub ich, versuchen, mich loszulösen. Ich weiß auch nicht, ob es innen ist, ob es außen ist, es kann beides sein, es ist bei mir ein ähnliches Gefühl wie bei dir; nur ich hab' noch keine direkte Vorstellung, daß wir... wohl daß wir das gemeinsam machen – aber ich seh' keine Konturen eines Menschen oder so...

M: Nein, das seh ich auch nicht. Ich weiß nur, daß du auch da bist. Aber wir sehen uns nicht körperlich, wir sind aber beide auf dieser ganzen riesigen kosmischen... der belebt sich dann auch, wir sind nicht allein, da sind andere Wesen...

Th: Ja, kannst du die anschauen, diese Wesen?

M: Ich kann sie nicht sehen, ich spüre sie nur, daß sie da sind, sie sind also irgendwie körperlos; ich seh auch gar kein.. auch wir nicht im Körper, sondern der Kosmos ist unser Körper. Diese Vorstellung ist auch da, wenn ich jetzt meinen Körper hier liegen fühle, dann ist das kein Widerspruch – das Ganze ist der Kosmos – Ja andere Menschen seh' ich da nicht, nur uns beide, aber dann seh' ich doch – das sind vielleicht Menschen, Verstorbene, oder Wesen, die jetzt nicht mehr Menschen sind, sind auch da in diesem... ja, innen ist auch kein richtiger Ausdruck, es ist keine räumliche Begrenzung... Ob es nun möglich ist, zu einzelnen dieser Wesen einen persönlichen Kontakt aufzunehmen, das weiß ich jetzt im Augenblick noch nicht. Sie sind da und sie nehmen auch vielleicht Beziehung zu uns auf – oder wir gehören schon zu ihnen – das muß sich vielleicht noch entwickeln...

Th: Ja, langsam entwickeln lassen, schauen, wo Beziehungen, Bezüge, wo's mich hinzieht von innen her bzw. wo mich mein Schutzengel hinführt, was er mir zeigt...

M: Ich sehe jetzt auch keine Grenze zwischen den jetzt hier lebenden Menschen, sagen wir mal unten unsere Enkelkinder, man hört die Stimmen, und diesen anderen Wesenheiten, die gar nicht auf dieser materiellen Welt mehr sind – sehe ich gar keine Grenze dazwischen, es ist eigentlich alles der große Kosmos, nur in verschiedenen Zuständen vielleicht oder verschiedene Stadien...

F: Ja, mit dem Rücken sozusagen unten nimmt man noch die Kindergeräusche wahr, nach oben ist die Haut transparenter geworden und liegt wie unter einer großen Glocke, die aber doch keine Glocken-Abgrenzung hat. Es ist unendlich das Gefühl nach oben hin...

Th: Ja, sich immer mehr in diese Situation einfach hineinbegeben, einlassen, und gleichzeitig nimmt man immer die andere Dimension auch wahr, es ist immer beides gleichzeitig da...

M: Jetzt ist das Ganze von einem großen Licht durchflutet, aber das blendet nichtd. Es ist im Grunde, es ist alles- nicht hell, nicht dunkel, es ist transparent einfach, aber es ist wie ein alles durchflutendes Licht; und das alles, was da ist, dieser Körper, dieser Kosmos, auch die materielle Welt hier unten – unter uns sozusagen, und über uns diese kosmische Welt der Schwingungen: das ist alles von diesem Licht durchflutet und es ist im Grunde alles dasselbe...

F: Ja, diese Abgrenzung, daß ganz unten es immer schwerer wird und ganz oben immer lichter und gelöster, die hab ich auch sehr stark; und daß wir in diesem Übergang sind eigentlich: wir sind noch unten und wir sind schon oben, wir sind alles – das stimmt, das fühl ich auch...

Th: Einfach immer weiter nachgehen, ganz langsam sich immer tiefer einlassen in diese Dimension, die nun gleichzeitig da ist, einfach die Intention spüren, was mich zieht, irgendeinem Zug oder einer Führung nachgehen, bis die Dinge dann immer konkreter oder näher rücken in gewisser Weise, in irgendeiner Form näher kommen, daß ich dann konkrete Situationen, konkrete Gestalten, vielleicht konkrete Szenen wirklich erkennen kann, in irgendeiner Form, mich immer mehr mit meinen Wahrnehmungsorganen, mit meiner seelischen Wahrnehmung drauf einstelle, einfach näher gehen...

M: Das Konkrete, das – ich hab jetzt die Vorstellung daß... also oben und unten gibt es nicht in diesem räumlichen Sinne, aber es kann überall in diesem ganzen – ja – ich nenn's nochmal so Kosmos, in diesem ganzen Raum, der nicht begrenzt ist, kann sich das verdichten und kann also Materie werden und kann unten sein, wenn man das so nennen soll, kann sich aber auch wieder auflösen und kann einfach Licht und Schwingung sein- das ist fast ein bißchen willkürlich; ich kann mir jetzt vorstellen: also wenn ich will, dann ist da Erde, Materie, Natur, Menschen, Körper – kann sich aber auch wieder auflösen und kann irgendwo anders sich da wieder manifestieren oder materialisieren. Es ist also fließend, es ist nicht endgültig fixiert, es ist auch ein bißchen von meiner Vorstellung jetzt abhängig... Ich hab das Gefühl: letzten Endes ist das alles nicht endgültig, letzten Endes ist das alles in einem übergeordneten Sinn schon vorhanden und kann sich jeweils realisieren, wie es unserer Vorstellung entspricht.

F: Ich hab auch vielmehr jetzt die Vorstellung, wie es immer heißt,daß ein Tisch nicht Tisch ist, sondern daß es alles Schwingung ist von vielen kleinen Körpern. Also mein Körper ist eigentlich vielmehr jetzt ein nicht fester, sondern ein in sich total vibrierendes Etwas und in diesem vibrierenden Etwas, was nach unten hin – ich hab schon noch ein bißchen die Vorstellung: unten schwerer, dunkler, und in diesem Schweren, Dunklen sind jetzt meine Hände das Einzige, was sehr belebt noch ist, was dieses kribbelnde Gefühl, dieses Wärmegefühl zu den Fingerkuppen hin bekommt, das ich hab wenn ich so Heilergefühle bekomme oder so – die sind da. Ich spüre eigentlich meine Hände wie in zwei Höhlen, wie zwei Tiere fast in Höhlen, die da sitzen, warm sind... Aber die Höhlen sind auch nicht fest und – ja, ungefähr abzuwarten jetzt: was wollen diese warmen, vibrierenden Höhlentiere Hände, so ungefähr hab ich das Gefühl....

M: Wenn du das jetzt so sagst, dann realisiert sich das bei mir sofort genauso. Ich hab so das Gefühl: das ist alles letzten Endes Ausdruck unserer Vorstellung, und dann ist das so. Aber das ist keine Realität außerhalb von uns; das ist unsere eigene Realität, die wir geschaffen haben... Da ist auch nicht irgendetwas, was man Gott nennen könnte oder diese Engelwesen, die einzeln zu uns kommen, das ist... ich kann sie mir natürlich vorstellen, jetzt kann ich mir also direkt einen Engel sozusagen erschaffen, der also da ist und sich formt, bewegt... und ich habe gleichzeitig wieder die Vorstellung: das ist nur die Idee, das ist meine Vorstellung....

F: Das Ganze ist vorläufig so wie ein Urnebel...

M: Insofern bin ich Gott, wenn ich das so ganz blasphemisch ausdrücken soll, denn dieser ganze Kosmos, die ganze Schöpfung reagiert ja auf meine Vorstellung...

F: Ja, wenn ich das so denke wieder, dann denke ich, wie Gott aus Lehm den ersten Menschen machte, das ist so wie er seine Hände... wie ich meine Hände jetzt in dieser noch etwas mehr als Materie spürbaren Umgebung habe und die ich ja als Realität erlebe- kann man ja auch durchdenken: ich lieg ja unter der Decke und die Hände sind warm. Aber es ist auch diese erste Zeugungsmöglichkeit: da aus dieser Materie etwas zu formen, das ist jetzt in den Händen - und alles übrige hab' ich vergessen, das ist nur so die merkwürdige Wichtigkeit von ‚Hand' eigentlich... innerhalb dieses Urmeers der kreativen Möglichkeiten...

Th: Gut, versuch's nur einfach wie im Märchen oder eben aus dieser Gestaltungsmöglichkeit etwas zu gestalten, von innen heraus durch Denken, von innen her oder aus der Vorstellung eben vielleicht etwas Gemeinsames eine Art gemeinsamer Weg, eine gemeinsame Szene, ein gemeinsames Märchen, eine gemeinsame Geschichte mit dem Thema: eben mein Leben nach dem Tode so quasi einfach zu gestalten, ganz als eigener Schöpfergott, aus Eigenem zu gestalten, so spontan einfach...

F: Ich möchte fast sagen: es ist wie ein Wetterleuchten von Schöpferfreude, das über das Ganze zuckt, und es liegt an einem selber, was man draus macht...

Th: Ja, vielleicht gelingt es, etwas Gemeinsames, ein gemeinsames Werk, eine gemeinsame Geschichte oder einen gemeinsamen Roman, ein gemeinsames Märchen in irgendeiner dramatischen oder einer szenischen Darstellung zu gestalten. Einfach immer mehr in dieses Gestalten, dieses freie Gestalten wie in ein Drama, ein Schauspiel quasi...

F: Da kommt also auch Wagner und Götterdämmerung und solche Assoziationen...

M: Ich hab jetzt auch das Gefühl, ich könnte, was ich will, mir jetzt erschaffen und wie ein Dichter oder- ja, wie das Beispiel Wagner, wie ein Genie, das also sich diese Welt schafft, und die dann auch so da ist oder auf der Bühne dargestellt wird und läuft – aber letzten Endes doch nur seiner Phantasie entspringt. So könnte ich jetzt also mir ohne weiteres – wie ich eben das von den Engeln sagte – könnte ich mir jetzt vorstellen, ich begegnete meinem Vater oder jemand anderem, Menschen, die mir nahestanden und wenn ich denen begegnen möchte, dann brauch ich sie mir nur vorzustellen, dann sind sie eben da. Aber andrerseits hab ich gar kein Bedürfnis danach....

F: Ich auch nicht.

M: Ich genieße eigentlich viel mehr...

F: Ich auch...

M: ...diese kosmische Freiheit, und all solche Vorstellungen sind schon wieder Verdichtungen, sind für mich schon wieder Einengungen...

F: Ja

M: ...die ich eigentlich nicht will. Ich bin jetzt in dieser Phase der ja, der kosmischen Freiheit – ich weiß nicht, wie ich es anders nennen soll...

F: Ja, ja... Ja!.. Ja!...

M: Und ich möchte ja eigentlich das nicht wieder einengen und das nicht wieder in Formen gießen...

F: Mir geht's genauso!

M: Ich will heraus aus der Phase der Formen oder der... – und wenn ich mir jetzt meinen Körper wieder... ich fühle ihn genauso deutlich, wie du eben sagtest – dann bin ich auch damit einverstanden; das ist jetzt diese Welt der Realität, die im Augenblick vielleicht auch unsere Aufgabe ist, – wir haben uns jetzt etwas herausgelöst mit diesem freien Teil unseres Bewußtseins, aber wenn ich in dem Teil jetzt bleibe, den ich als freien Teil des Bewußtseins erlebte in dieser kosmischen Weite, dann möchte ich nicht wieder eine Formwelt schaffen, eine Realisierung. Es sind diese Schwingungen... das ist jetzt doch verwandt, was ich schon mal erlebt hab', dieses ungeheuer freie Schwingen von Farben, von Tönen, von... – ja, ich möchte fast sagen: Urformen auch sinnlicher Wahrnehmung...

F: Ja, ja, ja!...

M: ...die ich nicht in Formen einzwängen möchte. Ich könnte es schon, aber- ich möchte es gar nicht...

F: Mir geht das ganz genauso, daß ich auch verstehen kann, daß es also im Islam heißt: „Macht euch keine Bilder", das engt ein. Ich möchte auch keine Bilder. Ich hab' auch ein bißchen die Vorstellung – um nochmal zurückzugehen zu der Wärme in der Höhle, die ich auch bin –, daß es auch gleichzeitig eigentlich diese Lava ist, die da ist in der Erde und die ausbrechen kann nach oben, und daß selbst die Lava etwas auch fast Göttliches ist, es ist gar nicht... Es ist natürlich schlimm, wenn man an Armenien denkt, was passiert, oder was auch noch in Amerika vorausgesagt ist – aber daß das ein Zurücknehmen ist oder ein Einziehn dieser Menschen, die da in diesen Sog kommen, daß sie da in diese Urkraft des Feuers, in die Urkraft des Kosmischen ganz schnell zurückkommen: es ist gar nicht so schlimm, das ist also... Wenn es aufbricht, wenn die Erde jetzt diese Wärme in sich erzeugt, so wie meine Hände warm sind, wie Lava oder so, daß das ein großes kosmisches Geschehen ist und daß sie einfach aus den Bildern, eben aus der Maja ihrer Häuser rauskommen wieder in diese großen kosmischen Bezüge, daß es, von so aus gesehen, gar nicht so schlimm ist... Daß da- ja, es passiert was, es ist sehr viel, das spüre ich irgendwie da- und jetzt dieses... Davon künden zu können, wenn man so eindringt in diese Dimension...

M: Ich weiß jetzt auch, warum ich das nicht möchte, dies... Je mehr wir in Formen oder Verdichtungen gehen, in Materie, umsomehr liefern wir uns auch Schmerz aus und Not und Unglück und alles dieses Schwere, was dieses Leben ja auch mit sich bringt und was uns vielleicht auch wohl noch besonders bevorsteht – was wir ja aber auch erlebt haben schließlich, wenn ich jetzt an den Krieg denke und was da im Einzelnen war... was nicht unbedingt - das ist das Körperliche, der körperliche Schmerz und die Not, es ist ja gar nicht identisch mit der seelischen; die Menschen, die heute in der Friedenszeit, in der lange währenden schon, leben, sind ja nicht glücklicher als sie das im Krieg eigentlich waren – es sind nur andere Probleme, die sie haben, aber: je mehr Verdichtung, je mehr Form, je enger, je dichter diese Form wird, umsomehr ist Dunkelheit und Belastung, das Licht kommt nicht richtig durch, Schmerz und alles, was wir Unglück nennen... Und diese Katastrophen sind ja vielleicht dann notwendige Wege, uns da hinauszubringen wenn's anders nicht geht...

F: Und so Lava-Ausbrüche und Ausbrüche, das was wir hier auf der Erde erleben können, sehen können, spüren können vielleicht, sind fast wie schöpferische Ekstasen möchte ich sagen, wie Orgasmen des Schöpferischen so, wie du auch grad' sagst: man ist in einem Zustand, sowohl Schöpfung als Schöpfer zu sein, beides – und es gibt ein ganz tolles Gefühl, ein ganz großes Gefühl, das über allem Irdischen eigentlich steht und was... – von da aus gesehen – es läuft alles ganz anders wie ich das gedacht hatte, ich hab' gedacht, die Bilder kommen wie bei Milan oder so aber das ist ja eine angelesene Schöpfung wäre das, wir müssen ja unsere eigene Dimension erleben und die ist anders, die läuft anders – und ich find das großartig, wie das so gemeinsam läuft. Das ist einfach jetzt dieses Urgefühl des Jenseitigen, des Allgemeinen zu haben, ohne sich im Detail jetzt einleben zu wollen. Ich will das ja auch nicht, ich will ja auch nicht diese einzelnen Begegnungen haben; das würde ja wieder Erinnerungen an Früheres bringen und es soll ja einfach frei sein selbst von den Beengungen von Begegnungen – jede Begegnung ist ja auch Beengung; Begegnung–Begegnung: das ist ein Gegen-über; und ich hab' einfach das Gefühl, ich brauch' jetzt das Durch-gehen, auch durch dieses Begegnen, Begegnung kann auch Gegner sein, gegen sein, – und ich, ich möchte durch sein, durchdringen...

Th: Einfach folgen dieser Intention. Immer weiter durchgehen in immer größere Weiten...

F: Und ich glaub auch: wenn man denkt: wenn der Todesaugenblick kommt oder so, daß man ganz stark dann dieses Gefühl der Freiheit aufnehmen muß, dieses Gefühl der Beengung etwas zurücklassen und wirklich in eine neue Geburt hineinkommen so wie diese Lava mit einem Freudenjubel geradezu ausbricht aus der Erde, aus der Beengung auch geboren wird – es ist ja ein Geburtsbild eigentlich, nicht? was da kommt. Und daß, wenn auf der Erde nun das bevorsteht – ich glaub wirklich: es steht bevor! – es deutet sehr viel in diese Richtung – daß man das dann auch wie eine Geburt in etwas Neues sehen muß. Hinterher werden wieder viele Menschen sicher sein, die neue Entwicklungsmöglichkeiten in der Materie haben, um dann frei zu werden für die andere Dimension...

M: Du sprichst von diesem „Gegenüber" – es ist für mich so deutlich, daß – bei aller Freiheit, dieser kosmischen Freiheit, die ich eben versucht hab zu schildern – man nicht allein ist.

F: Nein!

M: ...sondern daß das Ganze... das Grundprinzip darin die Liebe ist – und die Liebe setzt ja ein Nicht-alleine-sein voraus, ein Gegenüber, auch ein Miteinander... mehr Miteinander, ja und daß man von daher auch geborgen ist und daß man, ja, daß man lieben kann, daß man dieses Gegenüber...

F: Transparent für Transzendenz ist – sagt Graf Dürckheim...

M: ...transparent ist, daß man damit verschmelzen kann. Dieses Prinzip der Liebe, auch der Geschlechtertrennung in der materiellen Welt, die sich dann wieder suchen und begegnen und daran Höhepunkte und natürlich auch unter Umständen Spannungen erleben und dadurch überhaupt das Leben erst möglich wird, sonst würde ja sich... du fragst nach den Ereignissen, daß da was geschieht: es geschieht natürlich permanent etwas, weil man nicht allein ist – wenn man das wäre, dann wäre ja nicht... da wäre eine unendliche Ruhe vielleicht oder würde kein Leben sein; es ist alles von Leben erfüllt und das besteht darin, daß man eben nicht allein ist, daß man Beziehungen hat, daß alles erfüllt ist und daß man das... mit Liebe begegnen kann, das mit Liebe umfassen kann - oder auch nicht: das ist ja vielleicht der eigentliche Sinn unserer Entscheidungsfreiheit....

F: Ja, diese ewigen Kreisläufe – und daß du nur, wenn du liebst, im Kreislauf bist, sonst setzt du ja Grenzen, der Haß ist Grenze,die Dunkelheit ist Grenze- eigentlich ist die Materie Grenze. Aber wenn du liebst, dann kommst du in diesen Kreislauf und es ist ganz merkwürdig: ich mach' also auch jetzt rein bewegungsmäßig mit den Händen diesen Kreis und mein Körper kommt auch etwas in den Kreis – vielleicht in die Kundalini-Linie und diese Linie, die auch der Beginn des Zeugungsaktes ist, wenn du willst: es ist ja alles Symbol, die Welle ist Symbol, wenn zwei Körper zusammenfließen und daß wir eigentlich alle Symbolik leben auf dieser Erde, daß wir in der dunklen Schattenseite der Symbolik befangen sein können oder darüber hinaus kommen in dieses wieder wie die große Schöpfungswelt einfließen können und daß das eben... Wenn man das sieht vor dem Sterben, daß man in diesen großartigen Kreislauf wieder eingeht dann auch im Tode, in diese unendliche Freiheit der... wo die Moleküle oder- wie man's nehmen will: die Atome -weit auseinander liegen und je weiter sie auseinanderliegen, desto freier wird man bis hin zu diesen hellen Räumen, wie du's auch erlebt hast und ich auch, wo auf einmal nur eine rosig-wabernde Fläche da ist und man ist ein Teil dieser Fläche und man sinkt dann wieder zurück vielleicht in diese etwas mehr – hab ich immer noch die Vorstellung: unten etwas schwerere, dunklere – Fläche; aber dieser Kreislauf kann auch Freiheit sein, kann nicht behaftet sein, so meinen es, glaub' ich, auch die Veden. Und jeder Mensch hat alle Möglichkeiten in sich, jede Religion und... aber, man kann sich auch auf nichts festlegen, Religion würde dann auch schon Festlegung sein und nicht das Erlebnis des ganz großen Schöpferischen, ob das Gott ist und das wir sind – von da aus, wirklich, sind wir alle Götter, wie Christus sagt, er bringt die Bilder, die wir erleben können und die wir im Kreislauf vollziehen können und wo also die Hände, die ja auch der Inbegriff des Streichelns, des Berührens, des Heilens sind, Schöpferhände sind, Kreativitäten und wie wichtig es ist, daß der Mensch immer wieder kreativ ist und wie traurig eine Kultur ist, die eben alles Kreative...

M: Vielleicht ist das alles das, was man mit „Christus" meint, daß wir das in uns haben und daß wir, wenn wir diese Sicht, diese Schau, dieses Erlebnis haben: das ist Christus. Und Jesus war der Christus, der uns das deutlich gemacht hat und der uns vielleicht den Hinweis gegeben hat, daß in uns selbst – er hat es ja auch gesagt: „Ihr habt es in euch selbst". Wenn wir frei werden für diese Sicht, diese Schau, dieses Erlebnis, dann ist das Christus in uns...

F: Ja, und Jesus ist die Schöpfung und Christus ist der Schöpfer- beides zusammen, beides ist Einheit und beides erlebbar, von jedem! Und insofern: wenn seine Worte, die für uns ja verständlich sind, weil sie für uns übersetzt sind, auch eine wunderbare Möglichkeit der Schwingung... und wo Schwingung Krusten bekommt, wird es Kirche, da wird es Dogma, da wird es Einengung, da wird es Qual, da wird es Materie, da wird es schwer und ist gar nicht das, was Gott meint. Und immer wieder ist die Gefahr der Verkrustung – und dann muß der Aufbruch kommen. Und wenn diese Verkrustungen sind, wie jetzt beim Islam, oder auch beim Christentum, dann müssen wahrscheinlich Erden aufbrechen, um wieder die Menschheit zu einem neuen Morgen, zu einem neuen Jerusalem zu führen – das ist einfach Weltgeschehen, kosmisches Geschehen, kosmisches Geschenk...

M: Das ist vielleicht dasselbe, was für den einzelnen Menschen die Krankheit bedeutet...

F: Ja, daß einzelne Teile des Körpers nicht genügend durchleuchtet sind, nicht genügend frei sind, nicht die Schwingung haben ihres kreativen Ursprungs, der eigentlich nur das Goldene und diese Möglichkeit zu allem beinhaltet und wenn wir's nicht durchleuchten, dann wird es schwerer, wird es Krebs, wird es Krankheit, Versteinerung...

M: Wenn ich jetzt die Wahl hätte: soll ich nun in dem Teil meines Bewußtseins bleiben, der da in der Weite des Kosmos schwingt, oder der in dem körperlichen liegt – ja auch das ist schon keine Dualität mehr...

F: Nein, das kreist...

M: Das ist eigentlich keine Entscheidung, das ist eigentlich dasselbe.

F: Ja, und daß man einfach auch wissen muß, wenn man in größter Bedrängnis und Not ist: daß alles Rhythmus ist, daß das nur vorübergehend ist, daß wir das vielleicht erfahren müssen, um durch den Gegensatz noch das größere Glück der Leichtigkeit und des Atmosphärischen und des Kosmischen ganz zum Licht, zu Gott einzugehen – diese Möglichkeit spüren, dieses Gesogenwerden nach oben hin in diese kosmische Dimension; daß alles eigentlich nur... ja, Geburt und Tod: das ist auch schon wieder Eingrenzung eigentlich, es ist einfach nur alles Schwingung – Schwingung, Schwingung, Schwingung, Schwingung...

M: Jetzt sehe ich dieses Bild vor mir – das fällt mir gerade so ein – aus dem Mittelalter stammt das, glaube ich, von einem Maler, den man nicht kennt...

F: Ja, der mit dem Kopf durch die Wand geht...

M: Ja, der diesen Kosmos durchbricht und mit seinem Kopf draußen ist und die andere Dimension sieht; sein Körper ist aber noch in dieser Welt – so komme ich mir jetzt genau vor – und ich könnte mir ebenso vorstellen: ich bin da oder bin hier und alles ist überhaupt nur eine Welt, selbst diese Wand ist eigentlich gar keine Wand, sondern existiert vielleicht nur in unserer Vorstellung...

F: Und wie Breughel diese Bilder dieses Tunnels gemalt hat und auch wie immer wieder beschrieben wird durch den man durchmuß, um ins Licht zu kommen, das kann man als Tunnel sehen, nicht? Oder man kann den Tunnel aber auch schon wieder wie eine wabernde, dunklere Möglichkeit sehen, durch die man durch in das Lichtere hindurchschwebt, gleitet... Und ich bin auch jetzt in mir selber; der ganze Körper vibriert mehr und daß also durch die Vibration vielleicht in diese andere Schwingungsmöglichkeit fähig einzugehen, obgleich man ja in einer herrlichen Weise schizophren ist: man weiß genau, daß man hier liegt und man hört unten die Kinderstimmen und man ist einerseits – wie dieses Bild aus diesem mittelalterlichen Bild – innerhalb dieses Kosmos und außerhalb dieses Kosmos. Und darum auch vielleicht die Wichtigkeit der Meditation – das ist dann: mit dem Kopf herauszugehen aus dem Kosmos und doch drin zu sein, beides...

M: Ja, es ist jetzt eine wunderbare Klarheit da, das ist ein Geschenk dieser Stunde hier...

F: Ja, und es ist total anders: geht's dir nicht auch so? Ich hab also wirklich gedacht: nun begegnen mir einzelne Figuren und ich hab diese Erlebnisse oder ich hab Bilder, wie ich sie gelesen habe oder so, aber es ist ganz anders – und es ist doch ein Teil von dem und es ist über das hinausgehend...

M: Der ganze große Zusammenhang ist irgendwie deutlich und klar geworden, über die Details und die einzelnen Figuren hinweg...

F: Alles ist ein ganz großes Gefühl einerseits – und es ist außerhalb eines persönlichen Gefühls; es ist innerhalb des persönlichen Gefühls und außerhalb des persönlichen Gefühls. Und solange man sich begrenzt in nur einem persönlichen Gefühl, in nur einer Emotion, ist man eben begrenzt und Materie und Maja ver... ich versteh' überhaupt Maja jetzt erst richtig! Und man muß einfach immer wieder austreten aus dieser Enge – weil man die Weite ja in sich hat. Man muß einfach wissen: man ist auch weit: es gibt eigentlich gar keinen Tod...

M: Sonst wären auch diese Inkarnationen gar nicht möglich, das ist alles... das sind verschiedene Stadien, das ist ein großes Entwicklungsspiel...

F: Das sind Bilder, es sind ja wieder Bilder – und eigentlich kann ich auch absolut verstehen, warum der Islam jetzt keine Bilder will: weil er in dieser Welt schon ein bißchen die Gefahr der Begrenzung draußen lassen müßte. Sosehr ich Bilder liebe und sie auch als – ja, Symbole sind schon über Bilder hinausgehend eigentlich, nicht? Wenn wir versuchen, das jetzt in Worte zu fassen, was eigentlich auch gar nicht in Worte zu fassen ist, was wir erleben, was da kreist und was da erfahrbar wird, was wir gelesen haben, was wir gehört haben... Und ich glaube auch, wenn man in diese Dimension geht, dann wird auch der Alltag und die tägliche Reiberei kürzer sein müssen, weil man sich dann bewußtmachen kann – dem anderen auch: schwing raus, schwing raus aus deiner Begrenzung! Aber vielleicht ist das eben auch nötig, um zu wissen, welche kreativen Fähigkeiten wir besser nutzen sollten, rauszuschwingen aus den persönlichen Einengungen, denn jeder... Von da aus versteht man auch viel besser: „Liebet eure Freunde – nicht? – Feinde! Tut wohl denen, die Euch hassen“. Das ist alles sehr, sehr erspürbar, denn nur, wenn man über diese Grenzen hinauskommt, wird man gesund, ist man in der großen Sonne, insofern ja! Und solange man das hält, wie's auch auf den Philippinnen der Agpaoa sagte: „Solange ihr euren Nächsten haßt, könnt ihr nicht heil werden!“ – wir können ja nur heil werden, wenn wir total heil werden, im Seelischen, Geistigen und Körperlichen; und von da aus ist jede Krankheit auch ein seelisch-geistiger Prozeß, das wird mir auch total klar. Und Wissenschaft, die das nicht erkennt, ist wirklich nur Wissenschaft und nicht Weisheit, ist Materie-gebunden, ist in der Dunkelheit, in der Begrenzung – auch die muß erkannt werden für mich... Aber was drüber liegt, das Einsteigen in diese andere Dimension, das ist eigentlich das Schöne... das meine ich ja...

Th: Hier ist die Frage: ist dieses Erleben, diese Welt oder Schwingung – ist das seelische Welt, ist das geistige Welt – oder gibt's da gar keine Grenzen...

F: Wir können keine Grenzen... geistige Welt!

M: Ich würde sagen: es ist geistige Welt!

F: Ja, würde ich auch sagen...

M: ...denn die seelische Welt ist ja noch an den Körper gebunden – und dies umfaßt Seele und Körper noch mit, aber das ist die ganze... die umfassende Dimension ist die geistige...

F: Je mehr du zur geistigen Welt kommst, desto weiter liegen deine einzelnen Atome auseinander, möcht' ich fast sagen, nicht? – Bis da oben, also das ist der Scheitelpunkt, der ist hell, oben. Und es ist ganz weit, da sind nur noch so... ach, da kannst du... da brauchst du auch gar nicht mehr atmen... da bist du auch Atem – und je mehr du runterkommst, kommst du so ins... das Seelische ist praktisch der Übergang, so das Klebemittel des Geistes am Körper, wo das Ganze miteinander verbunden wird; es ist nötig...

M: Das Seelische ist ja noch begrenzt, es ist ja- gehört zum Individuum des Körpers; und diese kosmische Welt, wie ich sie eben beschrieben habe, oder benannt habe, das ist für mich die Dimension des Geistes, die alles umfaßt und von der wir auch selbst ein Teil sind natürlich, aber in der wir also wie der Tropfen im Ozean wirklich aufgehen können – das umfaßt auch noch das Seelische mit, natürlich, aber das ist der weitere, das ist der äußerste, weiteste Kreis...

F: Und mir wird auch klar, daß das so... auch, was mir Schwierigkeiten gemacht hat, wenn die verschiedensten Esoteriker von den verschiedenen Körpern reden und jeden Körper so furchtbar wichtig nehmen: das ist ja alles so unwichtig; beim Regenbogen geht eine Farbe in die andere über und so ist es auch mit dem Menschen: da ist Körper – Seele – Geist in einer sehr überfließenden Dimension, und je mehr man in diese Unendlichkeit hineingelangt sozusagen, desto mehr befreit man sich auch von den Störungen, von den Teilungen, von dem Im-Detail-Denken, was Teil ist, nebeneinander liegt – es ist ja ein großes Miteinander-Schwingen...

M: Körperlich stecken wir ja in unserer Haut, da sind wir ganz in unseren Körper eingeschlossen, – im Seelischen begegnen wir den anderen Individuen in Liebe und Haß und mit allen Emotionen, die dazwischen sind und im Geistigen, da löst sich das alles auf, da ist das alles die große Einheit: „Ich bin du", „tat twam asi", wie die Asiaten sagen. Das ist diese geistige Dimension. – Da kann man natürlich sagen: „Liebe deinen Feind", weil er da gar nicht mehr Feind ... Feind ist er in der seelischen Ebene...

F: Aber wir leben eben – und das ist ja auch eine wichtige Erfahrung – jetzt in dieser Materie; ob das nun hier auf der Erde ist oder auf einem anderen Planeten, das sind nur Übergänge, glaub ich, nicht? Wenn man so viel darüber deutelt: Ja, wo hast du früher gelebt oder so- das ist auch unwichtig. Wenn man in diesem großen Sog hin zum Geistigen kommt, dann wird das alles Übergang, und man nimmt es, man nimmt es wie einen Film, den man grad' sieht, und man spielt eine Figur in dem Film, man kann es gestalten und kreieren- aber eigentlich nur immer sollte man's tun in dem Bewußtsein: hin zum Licht, mehr Licht, nicht? Da versteht man auch Goethe. Also, alles kommt eigentlich zusammen wie eine wunderbare Ganzheitsschau. Was man im Leben jetzt gelesen hat von verschiedenen Religionen, von verschiedenen Dichtern, Schriftstellern, Weisen, Kulturen, auch Zahlen und Mythen, die sprechen oder nicht sprechen: das bleibt doch letztlich in dieser Materie unten und insofern – wenn da Kulturen im Mund (?) nicht mehr bringen, dann ist das schon eine Dimension hin zum Fühlen, letztlich ist nur das große Gefühl da, nicht?

M: Darum, wenn wir fragen, was Glück ist: Glück ist, wie ich das jetzt im Moment empfinde, immer der Augenblick, wo wir den Zugang zu dieser geistigen Dimension haben; dann sind wir glücklich. Und je mehr wir eingeengt sind in die seelische und noch mehr in die körperliche Dimension, sind wir weniger glücklich bis hin zum Unglücklich-Sein.

F: Von daher verstehe ich auch, wie hemmend Logik sein kann, denn glücklich macht uns ein Vers von Goethe oder Rilke, wo wir eigentlich gar nicht verstehen, was er eigentlich bedeutet so: "Sein Blick ist vom Vorübergehen der Stäbe so müd' geworden, daß er nichts mehr hält". Oder Musik: da kommt die Dimension der Musik, wo sie einfach uns enthebt, wo die Töne Sphärenmusik werden, nicht? Das, was man immer hört drüben, da ist einfach Sphärenmusik, das ist außerhalb der materiellen Dimension. Oder Farben, die sind ein Übergang, wo uns da ein bißchen in Farben klar wird, was hinterher kommt. Und insofern kann man wirklich allen nur sagen,... eigentlich, wann immer sie sterben, sie kommen in diesen großen Kreislauf, kommen wieder zurück und haben immer wieder beide Möglichkeiten...

Th: ...Einfach nur weiter dieser Dimension nachgehen: Gibt es da irgendein Ziel? Immer mehr durchgehen in dieses Geistige und immer mehr die Übergänge: Kann man es – und in welcher Form kann man es ausdrücken, wie kann man es übersetzen diese Gesetze, wie geht es weiter, einfach – ein Ziel. Gibt es so etwas wie ein Ziel, worauf das Ganze hinsteuert? Immer weiter durchgehen durch diese Ebene zum Zentrum des Geistes....

M: Ich glaub', der Weg ist jede Form der Kreativität. Wo ein Mensch kreativ ist, da überwindet er seine körperlich-seelischen Grenzen und nähert sich dieser geistigen Dimension – und die wäre dann das Ziel, wenn du willst...

F: ...Was wir hier schon haben könnten und was in unserer so sehr vom Logos allein und von der linken Gehirnhälfte eingeengten Kultur so fern gekommen ist. Und die, wie du sagtest, die Senoi, die sich ihre Träume erzählen, die kommen ein bißchen in diese Dimension der eigenen Kreativität, bezogen auf die Eingebungen des Geistes, die sie vielleicht in der Nacht gehabt haben. Die kommen dann dieser friedlichen Dimension näher und diese friedliche Atmosphäre bringen sie ein in ihre Erden-Atmosphäre und haben weniger Aggression. Das ist vielleicht unsere gemeinsame Aufgabe von uns dreien: ein bißchen Menschen hinzubringen, daß sie von dieser kreativ-göttlich-geistigen Endatmosphäre dann und wann immer wieder versuchen, etwas einzufangen, hier in ihrer Atmosphäre. Und daß jeder das nur für sich kann, das kannst du eigentlich... du kannst es vermitteln, aber den Weg muß jeder alleine gehen. Und das ist dann Evolution schon – ich weiß nur nicht... gut. Ein Mensch, der viel davon behält, in einer nächsten Inkarnation vielleicht, was er geschaut hat in dieser... ja, es ist wie eine Scheitelsituation – und wo dann, möglicherweise, es wohl so sein kann, wenn man so wenig Materie mehr mitbringt, daß man schon ganz weg ist, daß man dann nur noch Licht ist... und daß wir, die wir noch schwerer sind von den Erlebnissen unten, vom Verhaftetsein, daß wir dann... Zuerst ziehen wir kleine Kreise, kommen noch nicht zur Ruhe, bleiben noch im Materiellen, Seelischen und dann kommen wir immer höher, immer höher und mehr ins Geistige und bis dann irgendwo ein Schwung gelingt (?), wo man überhaupt wahrscheinlich nur noch etwas ist, was dann auch gar nicht mehr Atom oder etwas Schweres ist, sondern nur noch Geist, nur noch Licht. Und dann ist es Eingehen in die Unendlichkeit, – und da bringt man vielleicht all die Erfahrung mit und ist da oben – ja, ein ganz großes Eintunken in die göttliche Weisheit, und von da aus strahlt man aus und hilft allen andern in diesen Sog zu kommen. Dann ist man Sog aus den Erfahrungen vieler, vieler Erdenleben für die andern, auch hinzukommen in diesen großen Sog des Ausgelöscht-Seins, des Nirwana, in der unendlichen Glückseligkeit...

M: Ich glaube, solange wir in dieser verdichteten, materiellen Welt und auch in der seelischen leben, dann sind... – Kosmos heißt „Ordnung“ – haben wir in dieser Ordnung eine bestimmte Aufgabe. Und wir sind glücklich, wenn wir diese Aufgabe erkennen und erfüllen. Und wenn wir sie nicht erkennen und nicht erfüllen, dann sind wir ein Krebs im Körper, in einem Organismus: dann zerstören wir nur unsere Umgebung und uns selbst. Das ist der ganze Sinn der Verdichtung wahrscheinlich: diese kosmische Ordnung zu erfüllen und damit die Verdichtung wieder aufzulösen. Das ist ja auch im Grunde die Idee der Logotherapie: Erkenne deine Aufgabe, erfülle den Sinn deines materiellen Daseins, und dann kommst du wieder zurück in diese Urheimat der geistigen Ebene, wenn wir das jetzt so nennen wollen, oder dieser kosmischen Weite, wie wir sie gerade jetzt so in unseren Bewußtseinsvorstellungen erleben...

F: Ja und von da aus gesehen hat auch dieser ganz einfach erdgebundene Satz: „Arbeit ist Liebe in Aktion“ eine unheimliche Bedeutung, denn wenn du das so siehst, dann dienst du auch – und „ich diene“, das gehört dazu zu diesem Erdenweg und das aber freudig zu tun, zu denken: Ja, nur wenn ich das schaffe, hier das so anzunehmen, dann bestehe ich auch diese körperlich-materielle Ebene richtig und komm' dann von da aus das nächste Mal vielleicht ein bißchen weiter, weiter, weiter – bis ich dann ganz gelöst bin. Aber so ist das wohl auch zu verstehen, daß diese verschiedenen Erdenleben da sind, d.h. diese verschiedenen materiebezogenen Reifungsprozesse...

Th: Es taucht auch auf die Frage: Gibt es so etwas wie einen persönlichen Gott, ist da in dieser Sphäre so etwas zu finden in der Richtung – oder ist dies ein Unterschied zu diesem Begriff „Nirwana“ – gibt es so etwas wie Gott in einer Person oder so ?...

M: Ich habe mich gerade gefragt: gibt es überhaupt- in diesem geistig-kosmischen Sinne – eine Person, eine persönliche Individualität, oder ist die Individualität gebunden an diese tieferen, dichteren Ebenen von Seele und Körper? Das weiß ich jetzt nicht – aber ich könnte mir denken, daß es auch nur vorübergehende Zustände sind, die uns zum Individuum, zur Person machen – und daß das schon „Maja“ ist. Und daß das, was wir „Gott“ nennen, schon die Auflösung der Person, der Individualität ist: insofern ist Gott für mich keine Person...

F: Ja, ich glaub's auch: daß wir zuerst möglicherweise auch diesen Weisen finden – meinetwegen der Yan Su Lu- der da ist; das ist dann diese Ebene auch, diese seelische Ebene eigentlich noch, wo wir's auch brauchen, wo wir uns da auch danach sehnen und denken „wie schön" und wo auch die Hilfen da sind, und das sicher wär' auch eine Möglichkeit von Bild... Aber das war auch jetzt nicht mein Finden, das ging einfach weiter und wir brauchen ja ab und zu auch das Gespräch und das Du und das Gegenüber – und da mag es auch durchaus Gestalten geben, die in dieser Richtung fungieren, aber das sind dann auch Illusionen von uns, das ist das große Märchen, in dem wir alle eine Märchenfigur sind. Aber wenn wir jenseits des Märchens sind, dann brauchen wir das nicht mehr, dann ist es das große Licht... Also insofern möchte ich sagen: in dieser Dimension ist Gott auch als Figur denkbar und möglich und wichtig; aber: Gott hat es so gesetzt, oder – nicht Gott, was ist es, dieses Urgesetz, daß es dann über ihn hinausgeht in dieses absolute Licht...

M: Wenn ich versuchen wollte, mir Gott als Person vorzustellen, wäre es schon eine Einengung und Gott ist keine Einengung, Gott ist wirklich das Allumfassende – und eine Person ist eigentlich ein Individuum. Diese Vorstellung brauche ich, solange ich hier in der körperlichen und seelischen Welt bin, da brauch' ich ja das Gegenüber und wenn mir das menschliche Gegenüber und vielleicht auch das aus der Ebene der Engeln und Geister nicht genügt, dann schaff ich mir eben die Vorstellung eines persönlichen Gottes. Der ist dann auch für mich Realität; alles ist ja Schöpfung unseres Bewußtseins, wie ich vorhin diese Idee hatte und das immer noch in mir ganz deutlich ist- aber in der geistigen, kosmischen Weite, wo eigentlich unsere Heimat ist und von der wir kommen und zu der wir nach Erfüllung unserer Aufgaben sicher wieder kommen, da... das können wir uns jetzt nicht vorstellen, es liegt außerhalb unserer... unsere Vorstellung ist ja doch begrenzt durch unser körperlich-seelisches Befinden. Aber das liegt außerhalb davon, und wenn das nicht so wäre, dann wäre auch Gott nur ein Teil und nicht das Ganze..

F: Und von da aus verstehe ich auch den Jussek, wenn er diese Begegnung mit dem Yan Su Lu durchaus als Möglichkeit gehabt hat, womöglich sogar durch Medien- da hat er irgendwelche Möglichkeiten durchkommen lassen- daß wir aber letztlich.... daß er sich letztlich auch fragt: ist nun Yan Su Lu wirklich außerhalb von mir oder ist er in mir? Und dann kann man eigentlich aus unserer Erfahrung jetzt nur sagen: er ist beides, außerhalb und in mir. Das ist schwer zu fassen mit dem Verstand, aber durch unsere Kreativität, die gesteigert sein kann gerade in Zeiten, wie wir sie jetzt haben, haben wir die Möglichkeit, diese Formen in uns hinein zu holen und dann haben wir das Gefühl einer persönlichen Begegnung. Aber wenn wir in uns nicht den Urstoff dieser persönlichen Begegnung, dieser Möglichkeit hätten, hätten wir nicht die Begegnung. Wenn also ein David Spangler zu diesem „Limitless love and truth" spricht, so hat er in sich auch diesen Teil von ihm, indem er ihn kreiert. Das ist auch ein bißchen wie... dann ist er die Mutter und drüben das ist der Vater – der männliche Same kommt aus dem All und der mütterliche Same, der ist in uns; das ist auch wieder dieses Symbol, daß beides da ist: und im männlichen Samen hast du den Gott und im weiblichen Samen hast du vielleicht, ja, Maria oder alle Heiligen, die du dir schaffst – beides ist da – diese beiden Zellen kommen zusammen: ich und du, und das ist „wir" und das ist Schwingung...

Th: Sind die verschiedenen Religionen oder Götter der verschiedenen Religionen bestimmte Stufen? z.B. das indische: Brahma, Vishnu, Shiva, und die griechischen Götter, der jüdische Gott, der christliche...

F: Ja, das ist alles diese Zwischenstufe, die Menschen einer bestimmten Kultur brauchen als Bilder, um dieses Unendliche als Weg – über die Götter hin... das sind Stufen hin zu dem unendlichen Licht. Die sind sicher alle Realitäten, keine ist auszuschließen und alle sind richtig, aber nur Stufen...

M: Das sind Schöpfungen unseres Bewußtseins, solange wir das brauchen, wie ich vorhin meinte: solange wir in der körperlich-seelischen Dimension und Person als Individuum... ist das ja eine Begrenzung und außerhalb der Begrenzung suchen wir dann das Gegenüber oder auch das über dieser Begrenzung Stehende, nicht nur auf der gleichen Ebene – das sind die anderen Menschen, auch der Mensch, den man liebt oder die Menschen, denen wir in Liebe oder anderen Emotionen begegnen – sondern darüber suchen wir noch eine... auch ein Gegenüber, auch eine Person, auch wieder im Grunde etwas Begrenztes, das uns aber vielleicht heraushebt aus unserer Begrenzung; eine Stufe weiter... Und das sind aber Schöpfungen unseres Bewußtseins; und erst, wenn wir davon ganz frei sind, wenn wir selbst frei sind vom körperlich-seelischer Begrenzung, wieder im geistigen Raum der großen kosmischen Freiheit angekommen sind, dann brauchen wir diese Projektion nicht mehr...

F: Und die großen Offenbarer der Religionen – und als solchen sehe ich eben auch Jesus – die ... je höher sie diesem göttlichen Licht gekommen sind – und Gottvater kannst du auch ruhig als Bild nehmen- desto mehr können sie offenbaren für die Menschheit. Und ab und zu braucht die Menschheit Menschen, die die Stimme geben, die Laut geben von dem, was sie da oben erlebt haben und herunter gekommen sind...

M: Jetzt hab ich die Idee, wenn es heißt: „Gott ist Mensch geworden" – Jesus – dann heißt das doch nichts anderes, als daß er uns zeigt: auch der Mensch im Menschen das ist Gott! Und Gott kann dann nicht nur in einem Menschen Mensch werden- dann ist eben der Mensch, ist Gott Mensch – zeigt sich als Mensch...

F: Wir sind alle Brüder, sagt Jesus, und er hat immer recht...

M: Jesus hat das auch gesagt; und es ist Perversion, wenn dann der eine Mensch einen anderen totschlägt, weil er sagt: du siehst das nicht richtig, oder: ich bin der Gottmensch und du bist ein anderer Mensch- alle Menschen sind dann in Gott wieder vereint...

F: „Wir sind alle Zellen im Körper Gottes", sagt Cayce, das ist eigentlich auch ein sehr guter Ausdruck dafür – Zellen im Körper Gottes...

M: ...und solange wir eben diese Individuen sind in Körper und Seele – Zellen im Körper Gottes – stehen wir auf verschiedenen Stufen der Erkenntnis, der Entwicklung; und der Weg geht eben wieder zurück in diese geistige Freiheit. Und die ganzen Inkarnationen sind ja nichts anderes als Stufen auf diesem Wege in die geistige Freiheit, aus der wir irgendwann... Wir sind wahrscheinlich da herein geschickt worden, dieser „Sündenfall", diese Vorstellung, daß also irgendwann die Menschwerdung darin bestand, daß also geistige Wesenheiten in die Verdichtung der Materie gefallen sind – was wir vielleicht „Sündenfall" nennen – aber das war eben die Aufgabe, die ihnen gestellt wurde, und wir sind jezt noch in dieser Phase, die Aufgaben zu erfüllen. Und auf dem Wege kommen wir dann... je mehr wir sie erfüllen, je mehr wir sie erkennen und annehmen, umso mehr kommen wir wieder zurück in die Einheit...

F: So werden die Kreise immer höher: zuerst kreisen wir hier in der Materie und ein bißchen drüber und dann wieder zurück – und wenn wir eben dann das schaffen, dieses Licht immer wieder zu erkennen, diese Liebe, dann werden die Kreise immer größer, immer größer, bis wir oben letztlich Licht sind, und dann...

M: Ich glaube, daß der Irrtum vieler Menschen der ist, daß sie meinen, sie könnten sich diesen Aufgaben entziehen dadurch, daß sie also jetzt unmittelbar in irgendwelche Regionen entschweben und sich damit der Aufgabe ihrer materiellen, persönlichen Existenz in Körper und Seele entziehen. Und genau das ist der verkehrte Weg, damit kommen sie überhaupt nicht weiter...

F: ...ist es auch: die Gefahr der Esoterik...

M: Ja, – sondern wenn sie die Aufgabe, die ihnen hier gestellt ist, wirklich sehen und erfüllen, einfach im Dienen, im Lieben...

F: Mutter Theresa z.B.

M: ...in der Bewältigung des Alltags, dann ist das der sicherste Weg, da weiter zu kommen und dann vielleicht nächstes Mal eine Aufgabe in einer anderen Dimension, auf einer höheren Ebene zu finden...

F: „Hier und jetzt"...

M: ...denn wenn sie diese Aufgabe nicht erfüllen, dann kommen sie so lange immer wieder in dieselbe Situation, bis sie das begriffen haben...

F: ...wie in der Schule, das sind ja alles Symbole: wer diese einzelne Aufgabe noch nicht kennt, muß die Klasse noch mal machen, nicht? Wie's verschiedene Schulen gibt, je nachdem, wieweit der Mensch jetzt noch in der Materie steckt oder wie weit er schon zum Licht gekommen ist. – So ist das für mich auch eigentlich ganz klar, daß es mehrere Kreisläufe geben muß, ganz viele vielleicht, bis dann diese wunderbare... der Scheitelpunkt des Möglichen erreicht wird, hinter dem ja auch noch mehr Unendlichkeit ist: also du kannst es dir nicht logisch vorstellen. Du kannst nur in dieses Gefühl eintauchen, in das eigentlich die Mystiker aller Religionen eintauchen, die auch dann jenseits von den Figuren, von den vorgestellten „Personen“ sind...

M: Ich hab so das Gefühl, daß wir jetzt dabei sind, diese große Schau, die wir eben hatten, die rein intuitiv war, wieder in Bilder aufzulösen, zu zerlegen, vielleicht auch intellektuell... und damit wieder zu begrenzen und einzuengen...

F: Ja wir sind aus dem großen Rausch raus, wir sollten ruhig Schluß machen, es ist ja eigentlich alles gesagt. Es war eine ungeheure Klarheit.

Beurteilung der Erlebnisse aus der Evolutionstherapie im Rückblick durch das Ehepaar M. (F) und Dr. Th. (M) am 17. 10. 90

1. „Griechenland“
2. „Sinai“
3. „Fremder Planet“
4. „Vorschau: nach dem Tod“ („Unser kosmisches Erlebnis“)
5. „Kirche in den Bergen“

Resumé

Dr. Gruber hat seit Jahren in unserem „Haus der Gesundheit“ bereits zahlreiche Seminare unter dem Leitthema „Evolutionstherapie“ durchgeführt, und zwar sowohl in Gruppen wie auch Einzelsitzungen. Während wir selbst in den Gruppen-„Rückführungen“ – die an sich schon erstaunliche Ergebnisse brachten – für uns nichts Bemerkenswertes erlebten (durch unsere organisatorischen und praktischen Aufgaben war unsere Konzentrationsfähigkiet für die Meditation zu sehr abgelenkt), waren unsere gemeinsamen Einzelsitzungen mit dem Grundthema: „Was hat uns schon früher miteinander verbunden und hat uns karmisch zu unserer heutigen gemeinsamen Aufgabe hingeführt?“ nach jeweils langer und sehr geduldiger Einführung durch Dr. Gruber schließlich unauslöschliche Höhepunkte unseres Seelenlebens.

Wir wollen versuchen, dieses durch Beantwortung der von Dr. Gruber im Einzelnen gestellten Fragen zu begründen:

1. Rückblickend würden wir keines dieser für das Verständnis unserer gemeinsamen Evolution so wichtigen und aufschlußreichen Erlebnisse missen wollen. Dabei lassen wir es allerdings für uns persönlich völlig offen, ob es sich dabei um wirkliche „Rückführungen“ – d.h. Erinnerungsbilder aus realen früheren Inkarnationen- handelt oder vielleicht um Produkte der schöpferischen Phantasie des Unbewußten (ähnlich etwa Traumbildern), das uns damit Antwort auf unsere Fragen zu geben sucht. Für die Wertung dieser Erlebnisse hat diese Frage für uns auch nur sekundären Stellenwert.

2. Neben dem Inhalt und seiner Bedeutung für unsere heutige gemeinsame Situtation hat uns vor allem auch die Gemeinsamkeit all dieser Bilder und Erlebnisse immer wieder tief beeindruckt.

3. Für unser Leben und seinen Alltag haben diese Erlebnisse eher eine bestätigende Wirkung gehabt.

4. Eine so behutsam und mit solidem psychologischen Können durchgeführte Evolutionstherapie, wie Dr. Gruber das macht, würden wir ohne Bedenken jedem, der dazu bereit ist, empfehlen. Die heute in gewissen Kreisen so beliebten „Rückführungen“ in den Händen mehr begeisterter als kompetenter Laien halten wir allerdings aufgrund vielfacher Erfahrungen für durchaus nicht immer unbedenklich.

5. Wir freuen uns schon auf neue gemeinsame Sitzungen mit Dr. Gruber.

6. Gewiß bringt die Einzel-Therapie (auch gemeinsam für Paare) mehr als die Therapie in der Gruppe. Aber vielleicht ist gerade die Gruppensitzung für manchen ein leichterer Einstieg.

7. So, wie wir diese Seminare und Einzelsitzuungen in der Durchführung und ihren Ergebnissen erlebt haben, ist diese Methode sosehr aus der Persönlichkeit von Dr. Gruber entwickelt und geformt, daß uns dazu Änderungs- oder gar Verbesserungsvorschläge nicht angebracht erscheinen.

8. Für uns persönlich waren alle bisherigen Erlebnisse wichtig: jedes sprach deutlich besondere Aspekte auch unserer heutigen Situation an. Die tiefsten – und auch völlig anderen – Erlebnisse aber waren sicher

„der fremde Planet“ mit seiner unheimlichen Natur- und Körperlosigkeit, vor allem aber die Vorschau auf das Sein nach dem körperlichen Tode: unser „kosmisches Erlebnis“.

9. Die Frage nach möglichen Gefahren (siehe auch unter Punkt 4): der Umgang mit diesen seelischen Dimensionen setzt schon eine gewisse Bereitschaft und Stärke, „in den Spiegel zu sehen“, voraus. Bloße Neugier könnte dabei schon „bestraft“ werden.

10. Die Seminare mit Dr. Gruber haben immer großen Anklang gefunden, für manchen brachten sie lebensentscheidende und -ändernde Erfahrungen. Gelegentlich kam die Klärung allerdings nach anfänglichen Erschütterungen erst später und führte dann noch zu heilsamen Erkenntnissen.

11. Einen Vergleich dieser Seminare mit anderen ähnlicher Art und Thematik haben wir unter Punkt 4 schon angesprochen. Der Unterschied wird aber auch schon deutlich in der Bezeichnung „Evolutions-Therapie“: Alles, was geschieht und erlebt wird, soll hier der persönlichen Entwicklung („Evolution“) des Einzelnen dienen und dadurch therapeutisch wirken. Jede Therapie setzt aber einen kompetenten Therapeuten – in diesem Falle einen mit der Karma-Lehre vertrauten, geschulten und sehr gewissenhaften Psychologen – voraus.
Die Erfüllung dieser Voraussetzung ist schon ein deutliches Kriterium für einen Vergleich der Dr. Gruber-Seminare mit anderen.

F: Lieber Josef! Leicht angeschlagen nach 4 Nächten mit 2 Keuchhustenkindern, aber doch voll motiviert durch die Tatsache, daß wir Dir sehr glückliche Stunden unseres Lebens verdanken, möchte ich unser gemeinsames Resumé um einige persönliche Formulierungen ergänzen:

Zu Punkt 2:
a. Das in der Evolutionstherapie Zulassenkönnen von Gefühlen in der Partnerbeziehung erhöhte die eigene Daseinsqualität auf unauslöschliche Weise. Im Nachhinein vertiefte es die Verbindung im Hier und Jetzt, wirkte wie ein Trank aus einem Urquell des Glücks.
b. Das Fehlen von Natur und Körperlichkeit in der technischen Isolierung des „Fremden Planeten“ ließ eine Dimension menschlicher Mög-

lichkeiten ersticken und erschien wie ein Horroraspekt fehlgeleiteter geistiger Begabungen.

Zu Punkt 3
Daß die räumliche Zuordnung, der Hintergrund unserer „Evolutionserlebnisse“ an Orten stattfand, die wir kannten und die geprägt waren als „Orte der Kraft“, scheint mir bemerkenswert. Ein nicht materiell festzulegendes „Etwas“ in mir stellte bei dem ersten Kennenlernen dieser Orte in unserer realen Welt die Frage: „Was habe ich hier schon einmal erlebt?“ Das Rückführungserlebnis gab die Antwort. Meine Überzeugung wurde gefestigt: Unser Bewußtsein ist nicht durch unsere Haut begrenzt, nicht durch Zeit und Raum.

Zu Punkt 6
Als Einstieg und Prüfstein ist die Gruppentherapie gut. Bei Schwierigkeiten, die Bilder und Gefühle zuzulassen, ist das Miteinander mit einfühlsamen Gesprächen in der Einzeltherapie besser, erschließt tiefere Schichten. Die Paar-Therapie ist ein echtes Abenteuer, wenn es gelingt, in ein Spiel miteinander zu kommen, dessen Resultat ein bunter Bilderteppich der Gefühle und hell-dunkler Farbmuster ist. Leben wird ein unglaublich vieldimensionales Erlebnis.

Zu Punkt 9
Ein Mensch, der standfest, vital und flexibel mit gesunder Kritik und Offenheit im Leben steht, gewinnt durch die Bereitschaft, neue Dimensionen seines Bewußtseins entdecken zu können.
Wer sich unsicher, ängstlich, ichschwach fühlt und nicht an die beschützende Kraft eines Engelwesens glaubt, sollte sich erstmal stabilisieren.

Zu Punkt 11
Ein Seminar kann immer dann zu einem erfolgreichen werden, wenn es unter der Leitung eines reifen, liebevollen, mit religiöser Begabung versehenen Threrapeuten steht. Gerade in der Evolutionstherapie sollte das Vertrauen des Suchenden nicht getäuscht werden. Immerwährende Arbeit am eigenen Charakter werden immer bessere Erfolge der Therapie zeitigen.
In dankbarer Verbundenheit M.